编 委 会

编　辑

高丹桂　崔菲菲　胡耀芳　张慧杰　王　娟

中国粮食和物资储备发展报告

2022 REPORT ON THE DEVELOPMENT OF FOOD AND STRATEGIC RESERVES IN CHINA

国家粮食和物资储备局 主编

人民出版社

目　录

目　录

目　录

第七部分　粮食流通体制改革

第八部分　棉花和食糖储备

第九部分　物资储备

第十部分　能源储备

第十一部分　行业发展

目 录

目　录

2021 年中国粮食和物资储备发展概述

2021 年，在以习近平同志为核心的党中央坚强领导下，在国家发展和改革委员会精心指导和大力支持下，全国粮食和物资储备系统坚持以习近平新时代中国特色社会主义思想为指导，全面贯彻党的十九大和十九届历次全会精神，抓重点、补短板、强弱项，防风险、稳市场、保安全，牢牢把住粮食和物资储备改革发展、安全发展、高质量发展、融合发展、规划引领和依法治理的主动权，推动实现粮食和物资储备改革发展各项工作“十四五”良好开局。

一、粮食和物资储备管理体制机制健全完善，依法治理和“两项考核”显著强化

中央全面深化改革委员会第二十一次会议审议通过《关于改革完善体制机制加强战略和应急物资储备安全管理的意见》，粮食和物资储备管理体制机制和能力建设的相关政策举措陆续出台，为构建统一的国家储备体系提供了路线图。按照中央纪委国家监委粮食购销领域腐败问题专项整治工作部署，制定印发系列政策文件，指导地方做好自查自纠、查处重大涉粮案件等工作，开展“亮剑 2021”专项执法行动，推动全面深化粮食购销领域监管体制机制改革，形成“强监管”态势。执法监管手段不断创新，中央储备粮库存动态监管系统初步显现成效，为实现穿透式监管提供了技术支持；发挥 12325 监管热线作用，认真排查举报线索，在维护种粮农民和国家利益、强化行业监管方面发挥了重要作用。《粮食安全保障法》立法进程实现突破性进展；新修订的《粮食流通管理条例》正式实施，着重在政策性粮食监管、粮食流通管理和质量安全管理等方面，作出了系统化的制度完善，明确了地方和部门职责，丰富了监管手段，加大了惩处力度，为维护流通秩序、保障粮食安全提供了强力支撑。坚决贯彻粮食安全党政同责，有关部门起草出台地方党委和政府领导班子及其成员粮食安全责任制规定，进一步健全完善省级党委政府落实粮食安全责任制考核制度文件，从严开展 2020 年度粮食安全责任制考核；采用“考核办法 + 年度重点”新机制，组织中央储备粮棉管理和中央事权粮食政策执行情况年度考核，坚持“边考核边整改，不彻底不清零”原则，深化年度考核结果运用，有力促进了各方责任落实。

二、粮食收储调控能力持续提升，粮食市场运行保持总体平稳

坚持粮食产购储加销协同保障，粮食市场供应充足、运行平稳。充分发挥储备吞吐调节作用，精准安排政策性粮食销售，灵活调整投放时机、节奏和力度，有效满足市场需求、抑制投机炒作；及时加强指导、强化产后服务，着力抓好市场化收购和政策性收购，没有发生农民“卖粮难”。中央储备粮规模结构布局调整取得实质进展，指导各地和有关企业科学把握储备轮换时机节奏。跟踪监测粮食市场形势，适时发布粮食市场相关信息，帮助各类市场主体合理安排购销活动。总结运用疫情防控应急保障经验，国家粮食和物资储备局联合国家发展和改革委员会、财政部印发《关于完善粮食供应保障体系建设的意见》，召开现场会推广湖北疫情防控保供稳价经验，确定了首批国家级粮食应急保障企业。

三、国家储备实力稳步增强，服务宏观调控作用有效发挥

认真落实国务院关于保供稳价的部署，积极做好保障粮食、能源和产业链供应链安全相关工作，国家粮食和物资储备局首次以轮换方式投放国家储备原油，分四批投放 57 万吨国家储备铜铝锌，发挥“四两拨千斤”的作用，有效引导市场预期，促进了产业链、供应链稳定；紧急轮换出库国家储备成品油，缓解了阶段性供应紧缺；调运 15 批次中央应急救灾物资，保障抗洪抢险、抗震救灾、疫情防控等急需。稳妥做好收储工作，石油战略储备规模增加，战略性矿产品和关键原材料储备品种规模优化充实；中央应急救灾物资储备规模达到历史最高水平，储备库点实现31个省(区、市）全覆盖，应对重特大灾害的物质基础更加坚实。认真编制“十四五”相关专项规划，明确粮食和物资储备发展目标和任务举措，充分发挥引领作用。从速推进规划明确的重大工程项目，国家石油储备基地建设进展顺利，多个成品油库项目、中央级救灾物资储备库项目竣工验收，垂管系统民生工程 23 个项目全部完成。中央储备糖管理办法、政府储备粮食质量安全管理办法、粮食应急保障企业管理办法等制度印发施行，管粮管储规范化水平不断提高。国家储备仓库安全综合整治三年行动计划顺利完成，各类储备设施功能不断完善，本质安全水平明显提升，为落实储备任务提供了良好条件；安全治理提升三年行动谋划启动，安全生产形势继续保持总体稳定。

四、优质粮食工程深入推进，粮食产业高质量发展势头良好

国家粮食和物资储备局联合财政部印发《关于深入推进优质粮食工程的意见》，突出全链条整体联动、各环节衔接顺畅、全过程优质保障，加快推进粮食绿色仓储、品种品质品牌、质量追溯、

机械装备、应急保障能力、节约减损健康消费“六大提升行动”，夯实国家粮食安全的产业基础。培育形成贫困产粮大县聚焦粮食种植和粮食产业发展脱贫攻坚的“阜南样板”经验，在 69 个原国家级产粮贫困县示范推广。国家粮食和物资储备局印发《关于推进粮食产后节粮减损工作的实施意见》，研究粮食标准指标体系，全面倡导适度加工、合理加工，持续开展大宗粮油适度加工技术研发及成果推广，以“科技助力节粮减损，创新保障优粮供给”为主题举办全国粮食和物资储备科技活动周；商同有关部门成功举办首届国际粮食减损大会。新建 3 个国家粮食产业技术创新中心，印发《全国粮食和物资储备高水平人才选拔培养管理办法》，启动首批技能大师选拔，高水平人才队伍建设取得新成效。

五、党史学习教育走深走实，党的建设质量明显提高

深入学习贯彻习近平总书记在党史学习教育动员大会、庆祝中国共产党成立 100 周年大会上的重要讲话和党的十九届六中全会精神，组织党领导粮食和物资储备事业的光辉历程和宝贵经验专题研究；国家粮食和物资储备局党组有关负责同志为全系统党员干部讲专题党课，160 多名司局级领导干部讲了专题党课，近 6000 名党员干部接受专题培训；623 项“我为群众办实事”事项得到落实，达到学史明理、学史增信、学史崇德、学史力行的效果。国家粮食和物资储备局先后召开全面从严治党工作会议、以案为鉴警示教育大会，组织“监督执纪质量年”活动，提高纪检工作规范化水平；印发《关于推动巡视巡察上下联动的若干措施》，加强对垂管局分党组巡察工作的指导，精心组织对垂管局、直属事业单位党组织开展巡视，实现局党组巡视全覆盖。大力选拔敢于担当、善谋实干、锐意进取的优秀干部，注重在深化改革、转型发展和援疆援藏、脱贫攻坚等重大任务中培养锻炼干部，选优配强各垂管局和司局单位领导班子。一大批“两优一先”受到各级党组织隆重表彰，学先赶先争先氛围更加浓厚。

撰稿单位：国家粮食和物资储备局办公室
撰稿人：张亚龙
审稿人：方进

专栏 1 庆祝中国共产党成立 100 周年系列活动

隆重热烈庆祝中国共产党成立 100 周年，是全面贯彻落实习近平新时代中国特色社会主义思想和党的十九大精神的重要举措，是党和国家政治生活中的大事。2021 年以来，粮食和物资储备系统各级党组织和广大党员干部自觉提高政治站位，深刻认识庆祝建党百年的重大意义，紧紧围绕爱党爱国爱社会主义主题，紧密联系粮食和物资储备实际，认真组织开展系列庆祝活动。

研究制定总体方案。认真落实党中央关于庆祝活动的各项部署安排，印发国家粮食和物资储备局《庆祝中国共产党成立 100 周年活动方案》，把开展庆祝活动作为深化政治机关意识教育和模范机关创建的重要载体，结合开展党史学习教育、“四史”宣传教育，明确重点任务，开展具有系统特色的庆祝活动，取得良好成效。

组织开展主题党日活动。组织开展“沉浸式”“情景式”主题党日、网上祭英烈等活动，组织参加、收听、收看中央庆祝建党 100 周年文艺演出和 7 月 1 日庆祝大会。组织党员干部赴西山无名烈士广场缅怀革命英烈，参观“‘不忘初心、牢记使命’中国共产党历史展览”和“新时代中央和国家机关党的建设成就巡礼展”；在福建龙岩古田干部学院设立干部党性教育培训基地。各基层党组织安排党员就近就便瞻仰参观香山、北大红楼、中国人民抗日战争纪念馆和嘉兴南湖、西柏坡等革命旧址，传承红色基因、赓续红色血脉、牢记初心使命。

组织开展主题宣传活动。召开“赓续辉煌成就、谱写粮安新篇”专题座谈会，深入研讨在中国共产党的坚强领导下，全面实施国家粮食安全战略和保障国家粮食安全取得的历史性成就、实施的战略举措和探索的主要经验，增强把住粮食安全主动权的使命担当。举办国家粮食安全展，聚焦学习习近平总书记关于粮食安全的重要论述精神，集中展示粮食和物资储备改革发展的亮点成效。开展“粮储心向党、奋斗新征程”主题征文，评选优秀征文 70 篇。举办“庆祝中国共产党成立 100 周年”干部职工书画展和“粮食和物资储备安全文化”主题书画展。组织离退休党员举办“再唱山歌给党听”红歌会，录制《初心百年、奋斗有我》离退休干部访谈系列短视频，请老同志结合自身经历忆党史讲传统。组织 200 余名青年党员干部参加中央和国家机关读书接力赛，汇编《请党放心　强国有我》学习心得近百篇。青年党员自编自演情景剧，生动再现“五四”运动、“南陈北李”相约建党等历史场景。举办“党在我心中”青年党史知识竞赛。组成 10 个青年干部调研组，深入一线开展“根在基层”专题调研，在深学细悟中增强历史定力、坚定历史自信。

加强宣传营造学先争先赶先浓厚氛围。在《人民日报》《求是》等媒体发表多篇文章，宣传粮食和物资储备百年发展成就。“学习强国”学习平台登载《党领导百年粮食改革发展的历史经验与重要启示》，点击量达 1000 多万次。粮食和储备系统 2 名优秀共产党员和优秀党务工作者受到中央和国家机关工委表彰，1 个单位获中央和国家机关青年文明号、5 个青年集体获全国青年文明号荣誉称号，4 名优秀党员和优秀党务工作者、1 个先进党组织受到国家发展和改革委员会表彰，39 个模范机关创建先进单位、先进个人和 46 个优秀共产党员、优秀党务工作者和先进基层党组织受到国家粮食和物资储备局表彰，2294 名老党员荣获“光荣在党 50 年”勋章，营造了学先争先赶先的浓厚氛围。

撰稿单位：国家粮食和物资储备局直属机关党委、中国粮食研究培训中心

撰稿人：张永福、朱江、张倩、崔菲菲

审稿人：王永圣、刘铁宏、陈书玉、王世海、刘珊珊

专栏 2 党史学习教育

周密部署“一体学”，党史学习教育务实扎实成效显著。一是加强组织领导。国家粮食和物资储备局党组成立党史学习教育领导小组，高位推动、加强领导。印发学习教育实施方案及“四史”宣传教育方案，第一时间召开党组扩大会进行动员部署，明确学习教育内容、进度、目标。二是加强宣传引导。国家粮食和物资储备局办公网、门户网，《中国粮食经济杂志》开设专栏，“国储党建”微信公众号登载相关信息 800 余条，编发专题简报 100 期。各垂管局通过壁报、专栏、简报等方式加强宣传引导，实现“人人学党史、时时受教育、处处是课堂”。三是加强督促指导。把党史学习教育情况作为巡视和政治建设督查的重要内容，组建巡回指导组开展现场检查指导，挖掘先进经验、纠正工作偏差、督促提质增效。国家粮食和物资储备系统各级党组织开展专题民主生活会、组织生活会 1000 多次，党员干部谈认识、谈收获，找问题、查不足，严肃认真开展批评和自我批评。

以上率下“带头学”，党员干部政治理论素养有了新提高。一是党组中心组示范引领。国家粮食和物资储备局党组中心组把学习党的百年辉煌历史作为重中之重的学习任务，分 3 个阶段、列出 12 个专题，每月至少开展一次集体学习研讨。原汁原味学习习近平《论中国共产党历史》等学习材料，及时跟进学习习近平总书记在福建、广西、青海、陕西、西藏等地考察期间的重要讲话精神和重要文章。在集体学习中，国家粮食和物资储备局有关负责同志重点发言 31 人次，司局单位负责同志交流发言 44 人次，教育引导党员干部切实做到学史明理、学史增信、学史崇德、学史力行。二是专题党课示范领学。邀请中共中央党校（国家行政学院）专家为国家粮食和物资储备系统党员干部作专题辅导讲座，国家粮食和物资储备局党组同志、司局级领导干部为党员干部讲专题党课，累计 200 余次。三是通读精读自主学。组织党员认真通读中央指定的学习材料，认真学习新民主主义革命、社会主义革命和建设、改革开放、新时代党的历史。用好“学习强国”学习平台、“支部工作”APP 等信息化资源，方便党员干部线上阅读学习，扎扎实实读原著学原文悟原理。

善作善成“办实事”，党员干部为民服务能力水平有了新进步。统筹抓好政策性粮食和市场化粮食收购，切实维护种粮农民利益。灵活把握政策性粮食销售时机节奏力度，满足企业用粮需求，增加绿色优质粮油产品供给，及时回应社会关切，稳定市场预期，切实维护粮油消费者权益，满足人民群众从“吃得饱”到“吃得好”“吃得营养健康”的消费升级需求。

及时投放国家储备铜、铝、锌和原油，维护大宗商品市场稳定，调运中央防汛救灾物资，支援疫情防控和抗震抗洪救灾需要。推广粮食产业助力乡村振兴“阜南样板”经验，发动全系统力量采购脱贫地区农产品，组织开展结对共建、“我为群众办实事”主题党日活动。实施垂管系统“民生工程三年行动计划”，完成民生项目 23 个，推动规划建设、人事编制以及基层单位医疗、养老等历史遗留问题解决取得积极成效。广泛开展岗位建功活动，粮食和储备系统设立党员先锋岗 797 个，成立志愿服务队 261 个，开展学雷锋志愿服务 1049 次。开展“爱粮节粮健康消费”宣传主题党日和党员志愿服务活动。

真抓实干“开新局”，粮食和物资储备改革发展迈出新步伐。深入推进“三项改革”、立法修规，管好“大国储备”和“天下粮仓”的顶层设计进一步完善。扎实开展“两项考核”、专项整治，粮食监管新格局进一步巩固。积极做好规划编制、重大专项，粮食和战略应急物资储备实力进一步增强。强化“三链协同”“五优联动”，粮食产业高质量发展进一步提升。

撰稿单位：国家粮食和物资储备局直属机关党委

撰稿人：张永福、朱江、张倩

审稿人：王永圣、刘铁宏、陈书玉

专栏 3 党领导百年粮食改革发展的历史经验与重要启示

中共国家粮食和物资储备局党组

粮食安全事关国计民生，是实现经济发展、社会稳定和国家安全的重要基础。习近平总书记深刻指出：“解决好十几亿人口的吃饭问题，始终是我们党治国理政的头等大事。”“中国人的饭碗任何时候都要牢牢端在自己手中。决不能在吃饭这一基本生存问题上让别人卡住我们的脖子。”在党的坚强领导下，全国人民同呼吸、共命运，推动粮食事业发展，解决了千百年困扰中国人的温饱问题，谱写了粮食安全的壮丽新篇章。历史证明，只有中国共产党才能救中国，只有中国共产党才能发展中国；只有坚持和完善中国特色社会主义制度，深入实施国家粮食安全战略，才能解决好中国人自己的吃饭问题。以史为鉴，我们要不忘初心、牢记使命，坚决扛稳管好“大国储备”和“天下粮仓”的政治责任，在更高层次上保障国家粮食安全。

一、党领导百年粮食改革发展的光辉历程

回顾百年粮食改革发展史，从食不果腹到丰衣足食，从“国无三日蓄、家无隔宿粮”到库存充裕、物阜民丰，从“谁来养活中国”的百年之问到成为维护世界粮食安全的重要力量，我们党领导粮食事业改革发展走过了波澜壮阔的光辉历程。

（一）百年粮食改革发展史是一部忠诚担当的历史

回首百年，在中国共产党的领导下，粮食人爱党爱国，始终以稳定粮食供给、保障粮食安全为己任，为经济社会发展和国家安全奠定了赖以生存的物质基础。

新民主主义革命时期，为解决根据地粮食供应严重困难，我们党不怕牺牲、克服万难，采取发动群众筹集粮食、打土豪没收粮食、建立统一战线获取粮食等多种方式解决粮食短缺问题，如农民自卫军总指挥袁文才为工农革命军提供几千担军粮，何长工发动群众没收地主林凤和家的全部稻谷，中央红军长征出发前，党带领人民群众，半个月时间昼夜不眠，筹集了 8 万多将士 7 天的口粮，缓解了军民粮食供需的重大矛盾，有力保障根据地军需民食，集中物力支援革命斗争。

新中国成立后，在党的领导下，以浙江余杭粮食干部为代表的新中国第一代粮食人，艰

苦创业，艰辛探索，灭鼠保粮、虫口夺粮，创建“四无粮仓”。河北柏乡粮库，坚持走改革路、打创新牌，爱粮敬业、诚信担当，在粮食管理、科学保粮等方面创下 10 项全国之最。河北玉田粮库，咬定艰苦奋斗的信念不动摇，“宁流千滴汗，不坏一粒粮”，在保障供应、防灾备荒、服务发展等方面发挥了举足轻重的作用。

党的十八大以来，以习近平同志为核心的党中央把粮食安全作为“国之大者”，实行党政同责，加强粮食生产能力、储备能力、流通能力建设，逐步建立更高层次、更高质量、更有效率、更可持续的粮食安全保障体系。我国用占全球不到 10%的耕地、6.5%的淡水资源生产的粮食，养活了近 20%的人口，确保“谷物基本自给、口粮绝对安全”。面对突如其来的新冠肺炎疫情，粮食和物资储备部门全力做好粮食保供稳市，在大战大考中经受了现实考验，体现了粮食人的忠诚担当。习近平总书记指出：“这次新冠肺炎疫情如此严重，但我国社会始终保持稳定，粮食和重要农副产品稳定供给功不可没。”

（二）百年粮食改革发展史是一部心系人民的历史

回首百年，在中国共产党的领导下，粮食人始终牢记党的性质宗旨，坚持以人民为中心的发展思想，不断提升人民群众的获得感、幸福感、安全感。

2006 年，《中华人民共和国农业税条例》被废止，终结了沿袭两千年之久的“皇粮国税”，实现了由“种田纳粮、天经地义”到“种粮免赋、国家补贴”的历史性跨越。2013 年 12 月 23 日，习近平总书记在中央农村工作会议上讲话指出，悠悠万事、吃饭为大。2020 年 5 月 23 日，习近平总书记看望参加全国政协会议的经济界委员时，深情回忆在陕北黄土地上的一段往事，他曾饿着肚子问周围的老百姓，你们觉得什么样的日子算幸福生活？老百姓讲了几个心愿：第一个目标是希望不再要饭，能吃饱肚子；再进一步，就是能吃上纯高粱米、玉米面；第三个目标是，想吃细粮就吃细粮，还能经常吃肉。解决好群众吃饭问题，是民之所盼，政之所向。为民造福、扛稳重任是强粮兴粮的初心使命。在党的领导下，经过百年不懈努力奋斗，成功解决了 14 亿人口的吃饭问题，2020 年，我国人均粮食占有量超过 470 公斤，粮食人均占有量稳定在世界平均水平以上。

当前，我国社会主要矛盾已经转化为人民日益增长的美好生活需要和不平衡不充分的发展之间的矛盾。粮食和物资储备部门适应新时代社会主要矛盾新变化，深入实施优质粮食工程，促进粮食产业高质量发展，建成粮食产后服务中心 5400 多个，基本实现产粮大县全覆盖；全面提升 1500 多个质检机构功能，5 万吨以上产粮县覆盖面提高到 60%；扶持 389 个“中国好粮油”行动示范县和 1200 多个示范企业，遴选 236 个“中国好粮油”产品，直接带动增加优质粮食逾 5000 万吨，满足人民群众由“吃得饱”向“吃得好、吃得健康”转变的诉求。

（三）百年粮食改革发展史是一部自力更生的历史

回首百年，在中国共产党的领导下，粮食

人为解决粮食问题进行了艰苦卓绝的斗争，为我国经济社会发展提供了坚实基础。

新民主主义革命时期，面对日本侵略者的疯狂进攻扫荡，国民党的军事包围和经济封锁，党领导中国人民，开展“发展生产，自力更生”运动、“大生产运动”和“丰衣足食”运动，特别是王震率领的三五九旅在南泥湾开展的军垦屯田，经过3年奋战，在缺乏生产资金和生产工具的极端困难的情况下，把南泥湾变成了“陕北的好江南”，成为大生产运动的模范。毛泽东指出：“这是中国历史上从来未有的奇迹，这是我们不可征服的物质基础。”

正是依靠这种自力更生、艰苦奋斗的精神，我国粮食事业取得长足进步。新中国成立后，我国粮食总产量逐步增加，到1978年超过6000亿斤。党的十八大以来，粮食产量连续7年保持在1.3万亿斤以上，谷物自给率超过95%，稻谷和小麦产需有余，完全能够自给。粮食储备从无到有，从少到多，粮食储备体系逐渐建立完善，政府粮食储备数量充足，质量良好，储存安全，宏观调控能力逐步增强，粮食市场运行总体平稳。改善仓储基础设施，实施粮安工程，新建、改造和提升了一批仓储设施，全国标准粮食仓房仓容6.8亿吨，仓储条件总体达到世界较先进水平。粮食物流骨干通道全部打通，公路、铁路、水路多式联运格局基本形成，粮食物流效率稳步提升。粮食应急体系逐步健全，在大中城市和价格易波动地区，建立了10—15天的应急成品粮储备，在应对地震、雨雪冰冻、台风等重大自然灾害和公共突发事件等方面发挥了重要作用。在庆祝新中国成立70周年之际，正式发布《中国的粮食安全》白皮书，集中展现了我国保障粮食安全的重大成就，系统宣示了我国粮食安全的政府立场和政策主张，在国内外产生了良好反响。

（四）百年粮食改革发展史是一部开拓创新的历史

回首百年，粮食事业始终在党的坚强领导下，不断深化粮食流通体制改革，粮食安全保障能力明显增强，逐步建立了适合我国国情、粮情的粮食流通体制和粮食产业发展体系，保障了国家粮食安全。

党的十一届三中全会以来，稳步放活粮食经营。1979年实行超购粮食加价和调减征购基数，开始放活粮食流通。1985年取消统购制度，形成了合同定购的计划价格与议价收购的随行就市价格并存的“双轨制”。1993年，放开粮食统销，粮票退出历史舞台。1995年，放开粮食价格和经营，实行“两条线”运行，粮食政策性和经营性业务分开。1996—2003年，实行敞开收购、顺价销售，实行“三项政策、一项改革”，2004年，全面放开粮食购销、价格和市场，提出实施粮食最低收购价制度等。

党的十八大以来，在习近平新时代中国特色社会主义思想指引下，粮食人不断推动粮食安全理论创新、制度创新和实践创新，推动粮食宏观调控逐渐向充分发挥市场决定性作用、更好发挥政府作用方向转变，我国粮食收储市场化改革步伐明显加快，储备管理体制机制改革不断深化，国家储备基础和实力不断增强，在防范化解重大风险、有效应对新冠肺炎疫情中发挥了重要作用。

二、党领导百年粮食改革发展的经验与启示

百年实践波澜壮阔，纵观我们党领导我国粮食流通体制改革的百年奋斗历程和光辉成就，始终坚持党的领导，坚持以人民为中心，走出了一条具有中国特色的粮食安全之路。

（一）坚持党的领导，充分发挥中国特色社会主义制度优势

中国共产党是领导我们事业的核心力量。粮食事业的一切成就，最根本的就是党的坚强领导。实践证明，坚持和加强党的全面领导，全面贯彻落实国家粮食安全战略，牢牢把握保障国家粮食安全的正确方向，是解决“吃饭”问题的根本保障。我们党和政府始终高度重视粮食安全问题，始终把解决吃饭问题作为头等大事。奋进新征程，我们必须坚持以习近平新时代中国特色社会主义思想为指导，继续坚持和加强党对粮食工作的全面领导，充分发挥我国社会主义制度的优越性，在变化复杂的国际环境中牢牢把住保障国家粮食安全的主动权。

（二）坚持人民至上，把一切为了人民、依靠人民贯穿到粮食事业发展全过程

党的根基在人民、血脉在人民、力量在人民，人民是党执政兴国的最大底气。在党中央的坚强领导下，我们坚持为耕者谋利、为食者造福、为业者护航，千方百计维护种粮农民利益，以农业投入、价格支持、财政补贴、金融保险为重点的多元化支持政策体系逐步完善，积极帮助企业增品种、提品质、创品牌，努力满足人民群众从“吃得饱”到“吃得好”“吃得营养健康”的消费升级需求。同时，充分尊重人民主体地位和首创精神。揭开农村经济改革序幕的小岗村“大包干”，是中国农民的伟大创造，在此基础上形成的以家庭承包经营为基础、统分结合的双层经营体制，成为我们党农村政策的重要基石。奋进新征程，我们必须始终牢记江山就是人民、人民就是江山，进一步抓好兴粮之策、惠农之道、利民之举，不断提升人民群众获得感和满意度，将粮食安全各项政策举措真正转化为人民的切身利益。

（三）坚持立足国情，走好中国特色粮食安全之路

方向决定道路，道路决定命运。百年粮食发展历程启示我们，只有坚持从国情出发，实事求是制定制度举措，才能端牢“中国饭碗”。党的十八大以来，党中央立足国情，明确提出“十几亿人口要吃饭，这是我国最大的国情”，确立“以我为主、立足国内、确保产能、适度进口、科技支撑”的国家粮食安全战略，守住“确保谷物基本自给、口粮绝对安全”的底线，深入推进“藏粮于地、藏粮于技”，抓住“广积粮、积好粮、好积粮”的关键，全面增强粮食生产、储备、流通能力。奋进新征程，我们必须进一步做好粮食市场和流通的文章，切实把住粮食安全的主

动权。

（四）坚持守正创新、深化改革，增强粮食安全保障能力

纵观我们党领导我国粮食流通体制改革发展的百年光辉历程，经历了从统购统销到全面放开粮食流通市场的转变。粮食流通体制市场化改革不断深化，粮食价格形成机制逐步完善，逐步建立起适应社会主义市场经济要求的粮食流通新体制和运行机制。粮食储备安全管理体制机制改革持续深化，粮食安全省长责任制、中央储备粮管理和中央事权粮食政策执行情况的考核体系先后建立。随着各项改革创新深入推进，我国粮食安全制度框架逐渐建立健全，粮食安全治理体系和治理能力现代化水平稳步提升。奋进新征程，我们必须顺应时代潮流，回应人民要求，勇于推进改革，准确识变、科学应变、主动求变，为保障国家粮食安全提供不竭动力。

（五）坚持系统观念，在统筹发展和安全中实现优化协同高效

粮食安全事关经济发展、社会稳定、国家安全，必须全面系统认识国情粮情，统筹把握“多”和“少”、“质”和“量”、生产和流通、当前和长远、国内和国外、政府和市场六对关系。实践证明，只有认真落实总体国家安全观，统筹发展和安全，整体谋划、协同推进，才能实现各项举措在政策取向上相互协同，在实际成效上相得益彰，增强保障国家粮食安全的总体效应。奋进新征程，我们必须系统把握、统筹协调，加快构建更高层次、更高质量、更有效率、更可持续的国家粮食安全保障体系，让“中国粮食、中国饭碗”的成色更足。

三、奋力开启粮食改革发展新征程

新时代新征程，我们要更加紧密地团结在以习近平同志为核心的党中央周围，全面贯彻习近平新时代中国特色社会主义思想，大力弘扬伟大建党精神，以史为鉴、开创未来，立足新发展阶段，完整、准确、全面贯彻新发展理念，构建新发展格局，推动高质量发展，加快构建更高层次、更高质量、更有效率、更可持续的国家粮食安全保障体系，切实守住管好“天下粮仓”，做好“广积粮、积好粮、好积粮”三篇文章，把中国人饭碗牢牢端在自己手中，为实现第二个百年奋斗目标、实现中华民族伟大复兴的中国梦不懈奋斗。

（一）实行粮食安全党政同责，落实粮食安全责任制

坚持和加强党的全面领导，实行党政同责，强化落实粮食安全责任制考核，压紧压实保障粮食安全政治责任，增强各级党委和政府重农抓粮的思想行动自觉。坚持“藏粮于地、藏粮于技”，进一步夯实保障粮食安全的基础。运用改革的办法、法治的方式和市场化手段、创新性举措，强化“产购储加销”协同保障，注重解决好法律体系、政策导向、储备实力、调控能力等关键方面，着力提高粮食安全治理能力现代化水平。健全粮食安全风险管控体系，切实增强重大风险应对能力。

（二）积极稳妥推进粮食收储制度改革，扎实做好粮食保供稳市

坚持市场化政策取向与保护农民利益并重，分品种施策、渐进式推进，坚持并完善稻谷、小麦最低收购价政策，完善玉米、大豆生产者补贴政策，进一步健全粮食价格市场形成机制，完善种粮农民补贴制度，优化农业补贴结构，稳定种粮收入预期，保护和调动农民种粮积极性。充分发挥市场主体粮食收储能力，积极培育多元化市场主体入市收购，深化产销合作、推广订单收购、强化信息宣传，防止出现农民“卖粮难”。完善产粮大县补偿政策，增加对产粮大县的转移支付，强化主销区对主产区的利益补偿，调动地方重农抓粮积极性。

（三）改革完善粮食储备安全管理体制机制，提升粮食安全保障能力

建立政府粮食储备规模动态调整和联动机制，推动落实调节储备制度，调整优化政府储备规模、品种结构和区域布局，确保关键时刻拿得出、调得快、用得上。改革完善粮食储备管理体制，促进政府储备、政策性库存、企业商品库存和城乡居民储粮等多元发展，推动形成功能互补、协同高效的多元承储体系，增强全社会抵御粮食安全风险能力。健全储备运行机制，强化中央储备和地方储备协同运作，促进两级储备在库存品种结构、吞吐轮换机制等方面的协同互补，有效发挥中央储备粮“压舱石”和地方储备粮“第一道防线”的重要作用。强化储备内控管理和外部监督，确保储备数量真实、质量良好，急需时调得动、用得上，发挥重要的调控作用。

（四）深入推进优质粮食工程，加快粮食产业高质量发展

坚持“粮头食尾”和“农头工尾”，以实现高质量发展为目标，围绕服务国家粮食安全战略和乡村振兴战略，打造优质粮食工程升级版，抓好产业链、价值链、供应链“三链协同”，推进优粮优产、优购、优储、优加、优销“五优联动”，完善现代化粮食产业体系，构建从原粮到成品、产区到销区、田间到餐桌的“大粮食”“大产业”“大流通”格局。推广“湖州模式”，把创新建设绿色共享粮仓作为重要突破口向两端发力，运用绿色储粮装备、现代信息技术、精细管理手段、共享发展模式，对现行粮食仓储物流体系进行改造升级、系统集成，推动粮食产业基础高级化、产业链现代化，促进生产方式绿色转型；借鉴“阜南样板”，培育龙头企业，壮大粮食产业。大力实施建链、补链、强链，促进一二三产业融合发展，就近就地实现粮食转化增值，带动地方农民持续增收、企业持久受益、消费者得到实惠。

（五）开展粮食节约行动，促进节粮减损和健康消费

落实习近平总书记重要指示批示，大力开展粮食节约行动，加强全链条管控。加强农业机械研制推广，提高机械化作业水平。充分发挥粮食产后服务中心作用，促进粮食提档升级。加快仓储设施升级改造，大力推广绿色低温储粮技术，推动地方做好农户科学储粮工作。引导口粮适度加工，注重副产品综合利用，鼓励发展粮食循环经济，最大限度减少损

失。把粮食安全教育纳入国民教育体系，深入开展世界粮食日和全国粮食安全宣传周等主题活动，倡导简约适度、绿色低碳的生活方式，营造爱粮节粮、健康消费的新风尚。

（六）健全粮食法治体系建设，全面推进依法治粮

加快粮食立法修规，进一步推动《粮食安全保障法》《粮食储备安全管理条例》立法相关工作，更好发挥法治固根本、稳预期、利长远的保障作用，把国家粮食安全问题全面纳入法治轨道。切实强化粮食监管执法，更加注重创新执法方式，严格规范公正文明执法，用“长牙齿”的硬措施，严查涉粮违法违规行为，维护好粮食流通秩序。坚持有法必依、执法必严、违法必究，显著增强执法监管的震慑力，形成知法用法、依法监管和守法诚信经营的良好局面，以良法促进善治、破解难题、保障安全。

第一部分

粮食生产

一 粮食生产概述

2021年，各级农业农村部门认真学习贯彻落实习近平总书记重要指示批示和党中央、国务院决策部署，立足抗灾夺丰收，全力以赴抓好粮食生产，克服新冠肺炎疫情持续反复、局部严重洪涝、北方罕见秋汛及病虫害等不利影响，全年粮食和农业生产再获丰收、实现高位增产，连续7年保持在13000亿斤以上，为开新局、应变局、稳大局发挥了重要作用。

（一）粮食面积稳步增长

2021年粮食播种面积11763.1万公顷，比上年增加86.3万公顷，增幅0.7%，粮食面积连续两年增长。

（二）单产保持基本稳定

2021年粮食平均单产每公顷5805.0公斤，比上年略增71.5公斤，增幅1.2%。

（三）全国粮食产量实现多年连丰

2021年粮食总产68284.7万吨，比上年增加1335.6万吨，增幅2.0%，粮食产量连续7年稳定在65000万吨以上。

撰稿单位：农业农村部种植业管理司

撰稿人：项宇、冯宇鹏

审稿人：吕修涛

二 粮食生产品种结构

（一）三季粮食产量均实现增加

1. 夏粮面积、产量均增

2021年夏粮播种面积2643.8万公顷，比上年增加26.6万公顷，增幅1.0%；产量14595.7万吨，比上年增加310.1万吨，增幅2.2%；单产每公顷5520.7公斤，比上年增加62.5公斤，增幅1.1%。

2. 早稻面积略减、产量增加

2021年早稻播种面积473.4万公顷，比上年减少1.7万公顷，减幅0.3%；产量2801.6万吨，比上年增加72.3万吨，增幅2.7%；单产每公顷5918.0公斤，比上年增加173.0公斤，增幅3.0%。

3. 秋粮面积、产量均增

2021年秋粮播种面积8645.9万公顷，比上年增加61.4万公顷，增幅0.7%；产量50887.4万吨，比上年增加953.4万吨，增幅1.9%；单产每公顷5885.7公斤，比上年增加

68.4 公斤，增幅 1.2%。

（二）主要粮食品种产量“三增一减”

1. 稻谷面积略减、产量略增

2021 年稻谷播种面积 2992.1 万公顷，比上年减少 15.6 万公顷，减幅 0.5%；产量 21284.2 万吨，比上年增加 98.3 万吨，增幅 0.5%；单产每公顷 7113.4 公斤，比上年增加 69.2 公斤，增幅 1.0%。

2. 小麦面积、产量均增

2021 年小麦播种面积 2357.0 万公顷，比上年增加 19.0 万公顷，增幅 0.8%；产量 13694.4 万吨，比上年增加 269.1 万吨，增幅 2.0%；单产每公顷 5810.8 公斤，比上年增加 68.6 公斤，增幅 1.2%。

3. 玉米面积、产量均增

2021 年玉米播种面积 4332.4 万公顷，比上年增加 206.0 万公顷，增幅 5.0%；产量 27255.1 万吨，比上年增加 1188.5 万吨，增幅 4.6%；单产每公顷 6290.9 公斤，比上年减少 26 公斤，减幅 0.4%。

4. 大豆面积、产量均减

2021 年大豆播种面积 841.5 万公顷，比上年减少 146.7 万公顷，减幅 14.8%；产量 1639.5 万吨，比上年减少 320.6 万吨，减幅 16.4%；单产每公顷 1948.2 公斤，比上年减少 35.2 公斤，减幅 1.8%。

撰稿单位：农业农村部种植业管理司

撰稿人：刘武、李静

审稿人：吕修涛

三 粮食生产地区布局

（一）从南北区域看

北方 15 省（区、市）：2021 年，北京、天津、河北、山西、内蒙古、辽宁、吉林、黑龙江、山东、河南、陕西、甘肃、青海、宁夏、新疆等 15 省（区、市）粮食播种面积 6887.3 万公顷，比上年增加 61.6 万公顷，增幅 0.9%；产量 40580.1 万吨，比上年增加 933.4 万吨，增幅 2.4%，该区域粮食产量占全国粮食总产的 59.4%。

南方 16 省（区、市）：2021 年，上海、江苏、浙江、安徽、福建、江西、湖北、湖南、广东、广西、海南、重庆、四川、贵州、云南、西藏等 16 省（区、市）粮食播种面积 4875.8 万公顷，比上年增加 24.7 万公顷，增幅 0.5%；产量 27705.0 万吨，比上年增加 402.6 万吨，增幅 1.5%，该区域粮食产量占全国粮食总产的 40.6%。

（二）从东西区域看

东部 10 省（市）：2021 年，北京、天津、河北、上海、江苏、浙江、福建、山东、广东、海南等 10 省（市）粮食播种面积 2508.9 万公顷，比上年增加 19.7 万公顷，增幅 0.8%；产量 16006.7 万吨，比上年增加 163.8 万吨，增幅 1.0%，该区域粮食产量占全国粮食总产的 23.4%。

中部 6 省：2021 年，山西、安徽、江西、河南、湖北、湖南等 6 省粮食播种面积 3443.7 万公顷，比上年增加 10.6 万公顷，增幅 0.3%；产量 20084.0 万吨，比上年减少 91.7 万吨，降幅 0.5%，该区域粮食产量占全国粮食总产的 29.4%。

西部 12 省（区、市）：2021 年，内蒙古、广西、重庆、四川、贵州、云南、西藏、陕西、甘肃、青海、宁夏、新疆等 12 省（区、市）粮食播种面积 3428.9 万公顷，比上年增加 39.1 万公顷，增幅 1.2%；产量 17748.7 万吨，比上年增加 501.0 万吨，增幅 2.9%，该区域粮食产量占全国粮食总产的 26.0%。

东北 3 省：2021 年，辽宁、吉林、黑龙江粮食播种面积 2381.6 万公顷，比上年增加 16.9 万公顷，增幅 0.7%；产量 14445.7 万吨，比上年增加 762.9 万吨，增幅 5.6%，该区域粮食产量占全国粮食总产的 21.2%。

（三）从生态区域看

东北 4 省（区）：2021 年，内蒙古、辽宁、吉林、黑龙江等 4 省（区）粮食播种面积 3070.0 万公顷，比上年增加 22.0 万公顷，增幅 0.7%；产量 18286.0 万吨，比上年增加 939.1 万吨，增幅 5.4%，该区域粮食产量占全国粮食总产的 26.8%。

西北 6 省（区）：2021 年，山西、陕西、甘肃、青海、宁夏、新疆等 6 省（区）粮食播种面积 1218.3 万公顷，比上年增加 21.4 万公顷，增幅 1.8%；产量 6136.5 万吨，比上年增加 163.8 万吨，增幅 2.7%，该区域粮食产量占全国粮食总产的 9.0%。

黄淮海 7 省（市）：2021 年，北京、天津、河北、江苏、安徽、山东、河南等 7 省（市）粮食播种面积 3872.8 万公顷，比上年增加 22.4 万公顷，增幅 0.6%；产量 23991.3 万吨，比上年减少 84.2 万吨，减幅 0.3%，该区域粮食产量占全国粮食总产的 35.1%。

长江中下游 5 省（市）：2021 年，上海、浙江、江西、湖北、湖南等 5 省（市）粮食播种面积 1434.1 万公顷，比上年增加 6.1 万公顷，增幅 0.4%；产量 8745.9 万吨，比上年增加 142.3 万吨，增幅 1.7%，该区域粮食产量占全国粮食总产的 12.8%。

华南 4 省（区）：2021 年，福建、广东、广西、海南等 4 省（区）粮食播种面积 614.3 万公顷，比上年增加 2.7 万公顷，增幅 0.4%；产量 3318.9 万吨，比上年增加 33.5 万吨，增幅 1.0%，该区域粮食产量占全国粮食总产的 4.9%。

西南 5 省（区、市）：2021 年，重庆、四川、贵州、云南、西藏等 5 省（区、市）粮食播种面积 1553.7 万公顷，比上年增加 11.8 万公顷，增幅 0.8%；产量 7806.6 万吨，比上年增加 141.4 万吨，增幅 1.8%，该区域粮食产量占全国粮食总产的 11.4%。

（四）从产销区域看

主产区 13 省（区）：2021 年，河北、内蒙古、辽宁、吉林、黑龙江、江苏、安徽、江西、山东、河南、湖北、湖南、四川等 13 省（区）粮食播种面积 8856.9 万公顷，比上年增加 49.9 万公顷，增幅 0.6%；产量 53602.8 万吨，比上年增加 1005.3 万吨，增幅 1.9%，该区域粮食产量占全国粮食总产的 78.5%。

主销区 7 省（市）：2021 年，北京、天津、上海、浙江、福建、广东、海南等 7 省（市）粮食播种面积 487.8 万公顷，比上年增加 6.1 万公顷，增幅 1.3%；产量 2934.8 万吨，比上年增加 63.6 万吨，增幅 2.2%，该区域粮食产量占全国粮食总产的 4.3%。

产销平衡区 11 省（区、市）：2021 年，山西、广西、重庆、贵州、云南、西藏、陕西、甘肃、青海、宁夏、新疆等 11 省（区、市）粮食播种面积 2418.5 万公顷，比上年增加 30.3 万公顷，增幅 1.3%；产量 11747.5 万吨，比上年增加 267.1 万吨，增幅 2.3%，该区域粮食产量占全国粮食总产的 17.2%。

撰稿单位：农业农村部种植业管理司

撰稿人：陈明全、张振

审稿人：吕修涛

四 主要粮食品种生产成本分析

（一）2021 年粮食成本收益情况

据国家发展和改革委员会全国农产品成本调查，与上年比，2021 年我国稻谷、小麦和玉米三种粮食平均单产增加，成本上升，价格上涨，收益提高。具体情况如下：

1. 单产增加

2021 年我国粮食主产区稻谷（早籼稻、中籼稻、晚籼稻和粳稻平均，下同）、小麦和玉米单产比上年均有所增加，三种粮食平均亩产 486.4 公斤，增产 19.5 公斤，增幅 4.2%。其中，稻谷单产 488.9 公斤，增产 21.1 公斤，增幅 4.5%；小麦单产 463.4 公斤，增产 33 公斤，增幅 7.7%；玉米单产 507 公斤，增产 4.5 公斤，增幅 0.9%。

2. 成本上升

2021 年三种粮食亩均总成本和现金成本均有所上升。其中亩均总成本 1157.2 元，增加 36.9 元，增幅 3.3%；亩均现金成本 581.4 元，增加 28.2 元，增幅 5.1%。成本上升的主要原因是亩均化肥费和土地成本增加较多，种子费和机械作业费也有所增加。其中，化肥费增加 10.9 元，增幅 7.6%，主要原因是受上游原料价格上涨影响，化肥价格涨幅较大。土地成本增加 18.7 元，增幅 7.8%，主要原因是近年来粮食价格上涨带动土地流转价格上升。此外，种子费因价格上涨和用量增多，增加

2.2元，增幅3.4%。机械作业费受燃油价格上涨和机械化率提高影响，增加2.5元，增幅1.6%。人工成本与上年基本持平，亩均414元，增加1.2元，增幅0.3%。

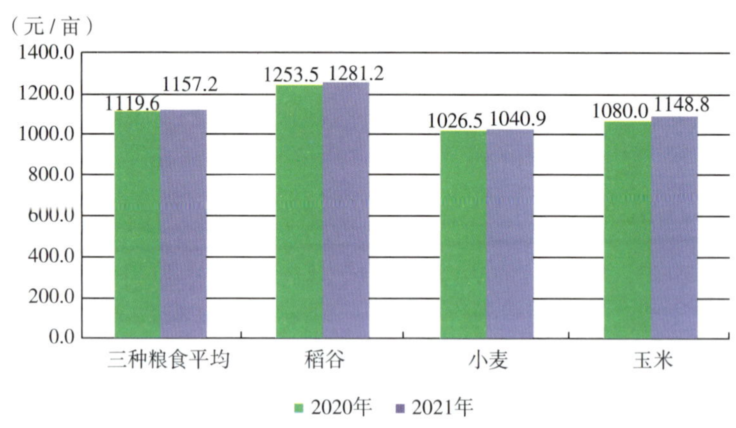

图1-1 2020年和2021年三种粮食每亩总成本变化

3. 价格上涨

三种粮食平均出售价格每50公斤128.5元，上涨5.98元，涨幅4.9%。其中，稻谷为135.6元，下降1.97元，降幅为1.4%；小麦为123.1元，上涨8.9元，涨幅7.8%；玉米126.6元，上涨11元，涨幅9.5%。

4. 收益提高

从现金收益（不考虑家庭用工和自有土地机会成本）看，2021年三种粮食平均每亩现金收益692.7元，增加79.1元，增幅12.9%。从净利润看，2021年三种粮食平均每亩净利润116.8元，增加69.7元，增幅148%。

（二）2021年粮食和主要经济作物收益比较

2021年，我国主要经济作物生产收益呈现不同变化趋势。具体来看，棉花、烤烟生产收益增加，油料作物有所下滑。

从亩均实际收益（现金收益加补贴）水平看，粮食低于烤烟和棉花，高于油菜籽。粮食亩均实际收益1424.7元（按一年两季粮食作物计算，2021年，北方地区一亩小麦和一亩玉米的实际收益合计为1650元，南方地区一亩早籼稻和一亩晚籼稻实际收益合计为1199.5元，平均每亩粮食实际收益为1424.7元），比烤烟少1279.6元，差距比上年扩大102.5元；比棉花少638.7元，差距比上年扩大955.1元；比油菜籽多845.1元，差距比上年扩大143.4元。

从2021年比较收益看，粮食相对油菜籽和烤烟收益上升，相对棉花收益下降。三种粮食平均与棉花的实际收益比从上年的0.76下降到 0.39；与油菜籽和烤烟的实际收益比分别从上年的 1.29 和 0.29 上升到 1.38 和 0.3。

撰稿单位：国家发展和改革委员会价格司
撰稿人：李军岩
审稿人：程行云

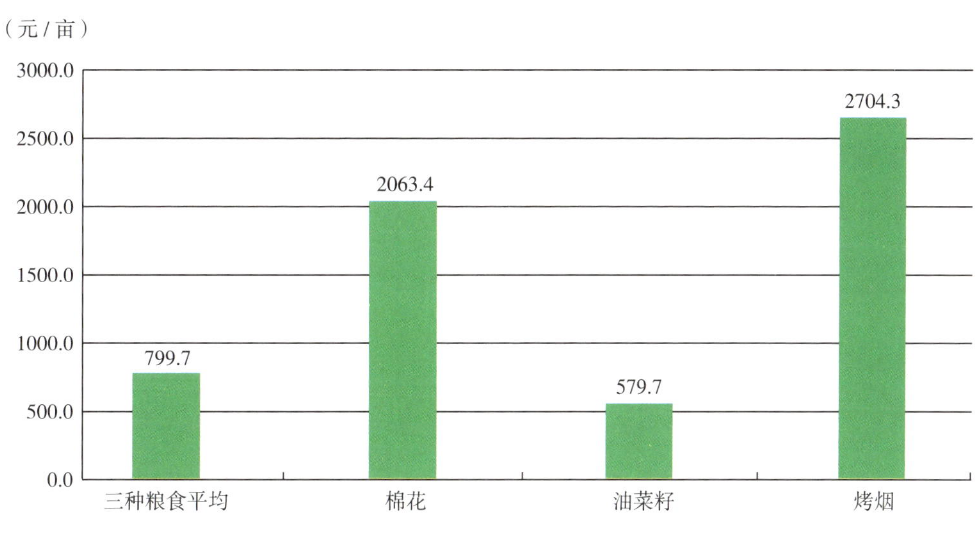

图 1–2　2021 年粮食和主要经济作物收益比较

五　粮食生产能力建设

（一）加强耕地保护与质量建设

坚守 18 亿亩耕地红线。国务院办公厅先后印发《关于坚决制止耕地“非农化”行为的通知》《关于防止耕地“非粮化”稳定粮食生产的意见》等政策文件。中央一号文件进一步强调实行耕地保护党政同责，严格落实耕地利用优先序，耕地主要用于粮食和棉、油、糖、蔬菜等农产品及饲草饲料生产，永久基本农田重点用于粮食生产，高标准农田原则上全部用于粮食生产。提升耕地质量水平。出台实施《国家黑土地保护工程实施方案（2021—2025 年）》，将东北地区作为保护性耕作推广应用的重点，大力实施农作物秸秆覆盖还田、免（少）耕播种等技术。2021 年，中央财政投入资金 28 亿元，支持黑土地保护性耕作实施面积 7000 万亩。

（二）加强农田水利等基础设施建设

深入实施藏粮于地、藏粮于技战略，努力克服新冠肺炎疫情等不利因素影响，加快推进农田水利建设，农业物质技术保障水平不断提高。规划建设了一批重大引调水工程、重点水源工程、江河湖泊治理骨干工程等节水供水重大水利工程，对合理调度、统筹保障全国农业和粮食生产用水发挥了重要作用。实施新一轮高标准农田建设规划，通过新增建设和改造提升，确保到2022年建成10亿亩高标准农田，稳定保障1万亿斤以上粮食产能。截至2021年，全国累计建成集中连片、旱涝保收、稳产高产、生态友好的高标准农田9.06亿亩，全年新增高效节水灌溉面积2820万亩，项目区亩均粮食产能增加10%—20%。加大灌区续建配套与改造力度，2021年安排中央预算内投资约75亿元，用于大型灌区续建配套与节水改造、新建大型灌区工程等项目建设，保障农业灌排用水需要，提高灌排保障能力和农业用水效率。积极探索多元化投入模式，通过发行高标准农田专项债等加大对高标准农田建设的投资力度，提高土地出让收益用于高标准农田建设的比例，支持产粮大县开展高标准农田建设新增耕地指标跨省域调剂使用，调剂收益按规定用于建设高标准农田。

（三）发挥农业科技支撑作用

种业振兴行动全面启动，新收集农作物资源2.6万多份、水产种质资源4万多份，基本完成畜禽资源普查。印发实施《“十四五”现代种业提升工程建设规划》，2021年共安排中央预算内投资10亿元支持现代种业提升工程建设，加强农作物种质资源开发利用、品种改良中心、良种繁育基地、区域试验站等公益性、基础性设施建设，支持育繁推一体化种业企业发展壮大。推广旱作节水农业，提高水肥利用效率，提升旱区农业综合生产能力和资源利用效率。加大农业防灾减灾能力建设和投入力度，2021年共安排中央预算内投资12亿元，持续实施动植物保护工程，加强基层动植物疫病防控体系建设，有效防范应对农业重大灾害。实施农机装备补短板行动，农机装备加快转型升级，农作物耕种收综合机械化率超过72%，全国农业科技进步贡献率超过60%。

（四）推动农业绿色发展

出台《“十四五”全国农业绿色发展规划》，以构建绿色低碳循环发展的农业产业体系为重点，聚焦绿色发展关键领域和薄弱环节，对“十四五”时期农业绿色发展作出了系统安排。全面实施秸秆综合利用行动，在县域范围内培育壮大一批秸秆综合利用市场主体，打造一批产业化利用典型样板，秸秆综合利用率达到86%以上。加快地膜回收利用。在内蒙古、甘肃和新疆支持100个县整县推进废旧地膜回收利用，探索农膜回收利用有效机制，全国废旧农膜回收率超过80%。持续推进化肥、农药减量增效，全国主要农作物化肥、农药使用量实现负增长，化肥、农药利用率均达到40%以上。安排中央预算内投资15亿元，在长江经济带和黄河流域深入开展农业面源污染治理，改善农业生态环境，促进农业可持续发展。

撰稿单位：国家发展和改革委员会农村经济司

撰稿人：黄通

审稿人：吴晓

专栏 4　粮食安全主题宣传

2021 年，国家粮食和物资储备局围绕中心、服务大局，精心策划选题、强化统筹协调，高质量开展粮食安全宣传报道，主动回应公众关切，宣传报道效果良好，充分发挥了正面引导、稳定预期的作用。

（一）加强正面宣传引导

大力加强权威发声。国家粮食和物资储备局相关负责同志在《人民日报》、新华社、《求是》杂志刊发署名文章、专访报道，回应社会关切，发出权威声音。国家粮食和物资储备局党组在“学习强国”学习平台刊发署名文章，全面阐述党领导百年粮食改革发展的光辉历程、伟大成就以及历史经验和重要启示。

精心做好国新办等权威发布。4 月 2 日、4 月 8 日、6 月 18 日，围绕贯彻落实“十四五”规划纲要、推进粮食流通依法治理、深入实施优质粮食工程等重大主题，国家粮食和物资储备局相关负责同志出席国务院新闻办新闻发布会，介绍有关情况、答记者问。9 月，会同农业农村部、山东省人民政府等共同开展国际粮食减损大会宣传展览工作，组织中国粮食减损成果展，相关司局负责同志出席联合新闻发布会，发布中国粮食流通环节节粮减损相关情况。

充分运用核心媒体放大宣传成效。《人民日报》刊发《我国秋粮收购平稳有序优质优价》《“中国好粮油”行动计划扶持 389 个示范县为百姓餐桌增加好粮油》等 11 篇报道；央视“新闻联播”播出《全国夏粮收购进展顺利》《优质粮食工程增加优质粮食超过 5000 万吨》等 21 条报道，“焦点访谈”推出《新征程　新气象　从“吃得饱”到“吃得好”》《从田间到餐桌　让粮食更安全》两期专题报道，介绍优质粮食工程和《粮食流通管理条例》修订出台有关情况。《光明日报》、《经济日报》、央广“全国新闻联播”“新闻和报纸摘要”等推出专版报道、深度报道、系列访谈、公益广告等 70 余篇（条）。

积极发挥行业期刊作用。《中国粮食经济》杂志围绕粮食安全主题开展了一系列主题宣传。一是先后推出“粮储心向党　奋斗新征程”庆祝中国共产党成立 100 周年、《粮食流通管理条例》修订实施、节粮减损、世界粮食日和粮食安全宣传周、优质粮食工程现场经验交流会等重大主题宣传，全面深入报道我国粮食安全取得的成就，及时回应社会关切。二是开设专栏展示重大问题研究成果，刊载关于推进优质粮食工程、推动粮食产业高质量发展等重要文章 40 余篇。三是推出“推进节粮减损保障粮食安全”“推动全链条节粮减损保障世界粮食安全”等专题，系统宣传我国节粮减损工作取得的成效，报道国际粮食减损大会成果，并在新媒体同步推出相关话题，宣传亮点工作。四是开设“应急保障”“安全生产”等专栏，刊发文章 20 余篇，做好保障能源和战略应急物资储备安全、加强收储调控能力等方面宣传，积极引导社会舆论。五是通过“粮食市场”“粮食交易”“领军团队”“粮安论坛”等栏目，关注粮油市场供需及价格情况，及时反映粮食市场变化情况。

（二）及时妥善回应关切

针对公众关注粮食价格上涨、粮食流通执法监管等热点，通过媒体通气会、专家采访、实地报道等方式，讲清政策导向，澄清疑惑疑虑。召开新闻通气会 13 次，专家发声 30 次，媒体实地采访 8 次。《人民日报》、新华社、中央广播电视总台等发布《国家粮食和物资储备局部署开展专项执法行动严查粮食流通领域违法违规案件》《就地过年，米面有保障》《我国粮食库存充足、口粮绝对安全》等报道 100 余篇（条）。新浪微博话题“全球粮价上涨是否影响中国人”“我国夏粮收购全面展开”“今年小麦普遍质优价高”累计阅读量超 2.6 亿人（次）；中央广播电视总台《国家粮食和物资储备局：我们供给充裕》观看量达 144 万人（次），点赞人数过万。

（三）着力强化协同联动

建立专门协调机制，印发专门工作方案，明确国家粮食安全战略和政策等 12 个方面主题宣传和科技活动周等 4 个方面活动宣传任务。围绕重点主题任务扎实开展宣传报道，凝聚强大工作合力。出席新闻通气会发布相关情况 35 人次，较上年增长 52%。各地准确把握宣传重点，精心组织做好本地粮食安全宣传报道。天津、山西等省市建立专门工作机制，宁夏会同省级宣传部门统筹开展各项工作。各省级部门主要负责同志以署名文章、出席新闻发布会、接受记者采访等形式发声 40 余次。粮食和储备系统通过主要媒体刊发主题报道 2800 余篇（条），形成了上下联动宣传态势。

撰稿单位：国家粮食和物资储备局办公室、宣传教育中心

撰稿人：孔晶晶、杨婷婷、李雯雯

审稿人：方进、肖春阳

第二部分

粮食市场供求与价格

一 粮食市场总体概述

2021 年新冠肺炎疫情仍在全球蔓延，市场流动性充裕，叠加拉尼娜等不利天气影响，国际粮价高位运行。国内粮食产量继续提高，国家上调小麦和稻谷最低收购价，保护农民种粮积极性，口粮完全自给。国内粮食库存充裕，市场供给有保障，但品种结构性矛盾仍然突出。具体表现为稻谷产大于需明显；小麦饲用量大幅增加，首次出现产需缺口，但库存投放能够满足市场需求；玉米产不足需，进口量增加；大豆依赖进口，外采度有所下降。2021 年我国粮食进口量有所增加，进口粮食 16454 万吨，创历史新高，其中，大豆进口 9652 万吨，同比下降 4%；玉米进口 2835 万吨，同比增长 152%。在国家有关部门保供稳市各项措施作用下，主要粮食品种价格稳定在合理区间。2021 年底，早籼稻收购价格同比上涨 2%，南方地区粳稻价格同比下跌 3%，北方地区粳稻价格同比下跌 5%，玉米价格同比下跌 5%，小麦价格同比上涨 17%，大豆价格同比上涨 12%。

撰稿单位：国家粮油信息中心
撰稿人：齐驰名
审稿人：王晓辉、刘冬竹、李喜贵

二 小麦市场供求与价格

（一）小麦市场供给和需求情况

1. 小麦产量消费量齐增

2021 年各地实行粮食安全党政同责，层层压实粮食生产责任，进一步加大了对粮食生产的支持力度，提高小麦最低收购价，稳定农民种粮补贴，农户种植意愿增强。2020 年秋冬播期间，土壤墒情较好，基本实现适期播种，山东、安徽等地区播种面积恢复性增长，各地及早制定防控预案，加强田间管理，加大病虫害防控力度，促进单产水平稳步提高。新冠肺炎疫情对餐饮业的影响明显减弱，全国小麦食用消费量有所上升。2021 年前三季度小麦玉米价格倒挂，饲料企业大量采购饲用小麦，新玉米上市后，随着小麦玉米价差修复，饲料企业迅速减少小麦用量。国家粮油信息中心测算，2021 年国内小麦消费总量 14515 万吨，同比减少 213 万吨，降幅 1.5%。其中食用消费 9250 万吨，同比增加 70 万吨，增幅 0.8%；饲用消费及损耗 3560 万吨，同比减少 240 万吨，降幅 6.3%；工业消费 1100 万吨，同比减少 50 万吨，降幅 4.3%。

2. 小麦进口同比增加

据海关总署统计，2021 年我国进口小麦 977 万吨，比上年增长 16.6%，是 1996 年以来的高点，其中超 8 成进口小麦来自于美国、加拿大和澳大利亚三国。2021 年进口小麦数量继续增加，原因：一是 2020 年四季度以来，国内玉米价格上涨，饲料企业出于性价比考虑，大量采购小麦替代玉米。二是随着居民生活水平的提高，国内制粉消费对高等级小麦需求继续上升。

（二）小麦市场价格走势及成因

1. 第一阶段（2021 年 1 月至 6 月初）：年初快速上涨，3 月份后小麦价格稳中偏弱运行

2021 年元旦过后，由于小麦玉米价格倒挂，饲料企业增加小麦采购数量，小麦价格从年初的 2470 元 / 吨涨至近 2600 元 / 吨，带动政策性小麦拍卖成交率大幅上升。但国家政策性小麦拍卖供应充足，制约小麦上涨幅度，且春节后是面粉消费淡季，面粉企业开机率回升较慢,3 月后小麦价格稳中偏弱运行。4 月 7 日，政策性小麦拍卖交易规则修改，仅限面粉加工企业和饲料养殖企业参与竞买，改善了市场预期，小麦价格维持稳中趋弱。五一假期后，贸易及仓储企业出库量增加，加工企业以消化库存为主，小麦行情延续走低走势。6 月初华北黄淮地区普通小麦进厂均价 2590 元 / 吨。

2. 第二阶段(2021 年 6 月上旬至 9 月底)：夏粮集中收购期间小麦价格平稳运行

新小麦上市初期，小麦价格小幅回调，但湖北和河南南部等部分地区小麦毒素偏高，加上其他个别地区出现冰雹和大雨天气，市场对小麦产量尤其是优质麦供给产生担忧，小麦价格出现阶段性上涨。待苏豫皖中北部小麦大量收获后，整体品质较好，小麦价格企稳。夏粮收购期间政策性小麦暂停投放市场，多元主体入市积极，未启动小麦最低价托市收购，新麦多集中在流通环节，使得夏粮期间小麦价格波动不大。虽然 8 月份粮库增储，小麦价格出现小幅上涨，9 月份临近秋粮上市，部分贸易商有腾仓容和资金的需求，售粮积极性增加，小麦价格上涨空间不大。6 月初至 9 月底，华北黄淮地区小麦进厂均价为 2550 元 / 吨。

3. 第三阶段(2021 年 10 月至 11 月中旬)：小麦价格快速上涨

秋粮收获上市后，基层粮点和贸易商购销业务转向玉米，部分持粮主体存在惜售心理，尤其是农户存粮数量较往年明显增加，小麦价格快速上涨。此外，受华北黄淮海等小麦主产区出现多次连阴雨天气影响，冬小麦播种延迟，加之河南暴雨泄洪区种植面积下降等因素影响，市场主体担忧小麦产情。随后政策性粮食投放减少，小麦与玉米价格恢复正常比价。华北黄淮地区小麦进厂均价从 10 月上旬的 2640 元 / 吨快速上涨至 2860 元 / 吨。

4. 第四阶段（2021 年 11 月中旬至 12 月底）：小麦价格高位企稳

在经历了一个多月的快速上涨后，多个主产区小麦价格创下历史新高，远超过贸易

商存粮成本价，存粮农户和贸易商销售积极性提高，小麦价格高位企稳。随着玉米价格回落，小麦玉米价差逐渐修正，且进口玉米、高粱、大麦、碎米等能量饲料供应充足，小麦饲用替代优势明显减弱，饲用大幅减少，同时面粉企业小麦供应稳定，小麦市场价格高位企稳。

撰稿单位：国家粮油信息中心

撰稿人：冯立坤

审稿人：王晓辉、刘冬竹、李喜贵

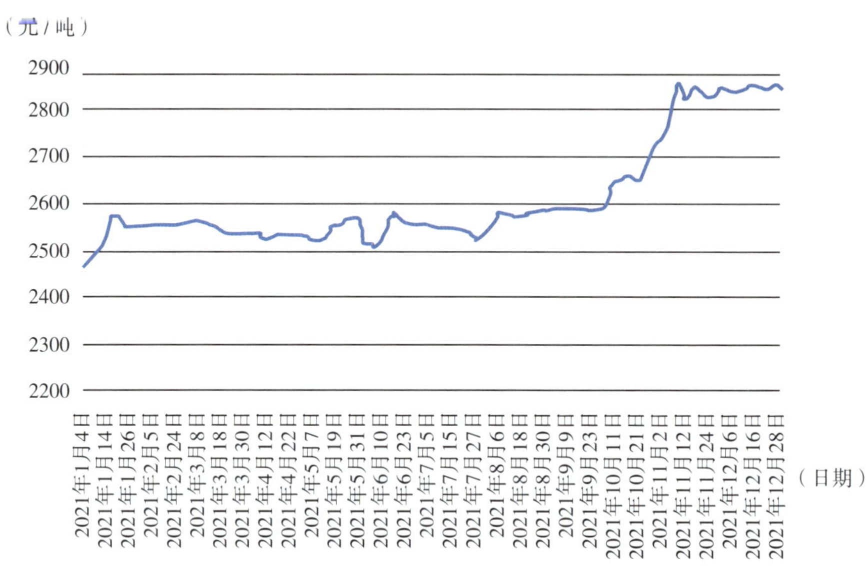

图 2-1　2021 年华北地区小麦平均进厂价

三　稻谷市场供求与价格

（一）稻谷市场供给和需求

1. 稻谷仍维持产大于需，饲用需求大幅增长

据国家粮油信息中心测算，2020/2021 年度国内稻谷总消费 21032 万吨，比上年度增加 1452 万吨，增幅 7.4%。其中国内食用消费 15850 万吨，较上年度增加 50 万吨，增幅 0.3%；饲料消费及损耗 3350 万吨，较上年度增加 1700 万吨，增幅 103%；工业消费 1700 万吨，较上年度减少 300 万吨，减幅 15%。稻谷仍维持产大于需格局，预计 2020/2021 年度全国稻谷供需结余量 521 万吨，较上年度减

少 868 万吨。

2. 大米进口创新高，出口小幅增加

2021 年，受国内饲料需求增长以及玉米价格较高影响，国内对碎米消费需求增强，同时国际米价持续回落，大米尤其是碎米进口价格优势大，进口量大幅增加。我国进口大米 496 万吨，同比增加 202 万吨，增幅 68.7%，创历史新高。国内稻谷去库存持续推进，我国出口大米 242 万吨，同比增加 12 万吨，增幅 6.2%。

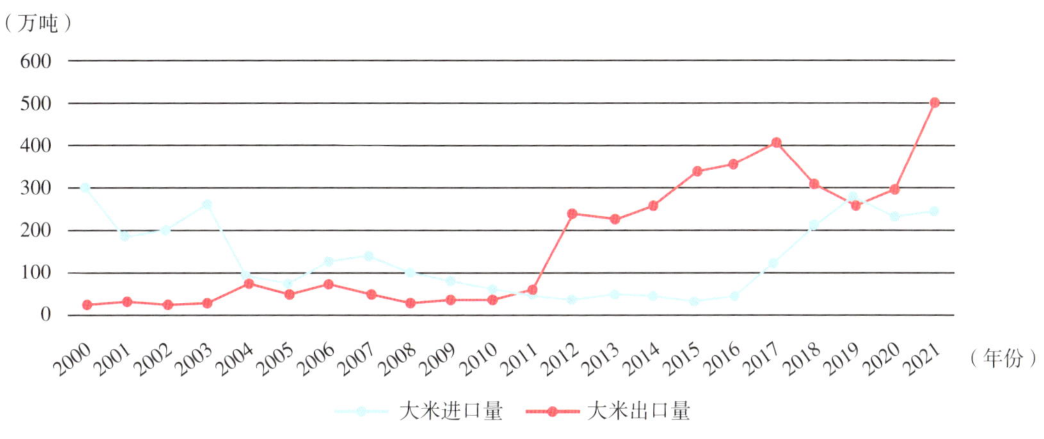

图 2-2　2000—2021 年中国大米进口和出口量

（二）稻米市场价格走势及成因

1. 早籼稻高开高走、中晚籼稻高开低走

2021 年 7 月，新季早籼稻上市，价格同比高开 180—220 元 / 吨，开秤后快速攀升，收购期间整体走势坚挺。9 月底，主产区收购价格稳定在 2600—2700 元 / 吨，销区采购价格在 2900—3100 元 / 吨。早籼稻市场价格高于 2440 元 / 吨的最低收购价，各主产区未启动托市收购。

8 月份新季中籼稻早熟品种上市同比高开 20—60 元 / 吨，随着大量收获上市，农户集中售粮，新作价格逐步走低。一是稻谷产量、质量均好于去年，符合收购标准的粮源较多；二是早籼稻丰收，储备企业轮换需求基本得到满足，减少对中晚稻的轮入需求；三是 2020 年南方未启动中晚籼稻托市收购，粮源基本被市场吸纳，企业商业库存较高；四是进口数量增加。10 月底开始，安徽等 5 省陆续启动中晚籼稻最低收购价预案，11 月初，受居民短期集中采购影响，价格重心略有上移。12 月底，主产区中籼稻收购价格 2540—2640 元 / 吨，围绕托市收购价上下波动，同比下降 160—250 元 / 吨。

2. 粳稻价格延续南强北弱格局

10 月下旬，南方新季粳稻集中上市，价格同比略低，基本与陈粮价格接轨。11 月初居民短期集中采购带动价格走高，企业经营用加工稻谷收购价 2800—2900 元 / 吨，进

入12月份以后，江苏地储采购渐入高峰，由于2021年入库稻谷指标要求严格，采购成交价3000—3200元/吨，比企业经营用稻谷高200—300元/吨，呈现“储备热、加工冷”格局。随着地储采购结束，江苏粳稻价格小幅回落。

11月，东北主产区新季粳稻集中上市，黑龙江圆粒粳稻开秤2600—2640元/吨，同比基本持平，后期变化不大；而由于扩种导致供过于求，长粒稻谷价格收购同比降幅较大。12月底，圆粒稻谷价格2640元/吨，长粒稻谷价格2700元/吨，同比降幅分别为0.8%、9.4%。

3. 大米价格普遍回落

12月底，南方普通中晚籼米出厂价3700—3900元/吨，同比下降300—400元/吨。黑龙江普通圆粒粳米出厂报价3600—3700元/吨，同比下降100—200元/吨；长粒粳米出厂报价3700—3800元/吨，同比下降600—800元/吨。江苏普通粳米主流报价3750—3900元/吨，同比下降100—250元/吨。

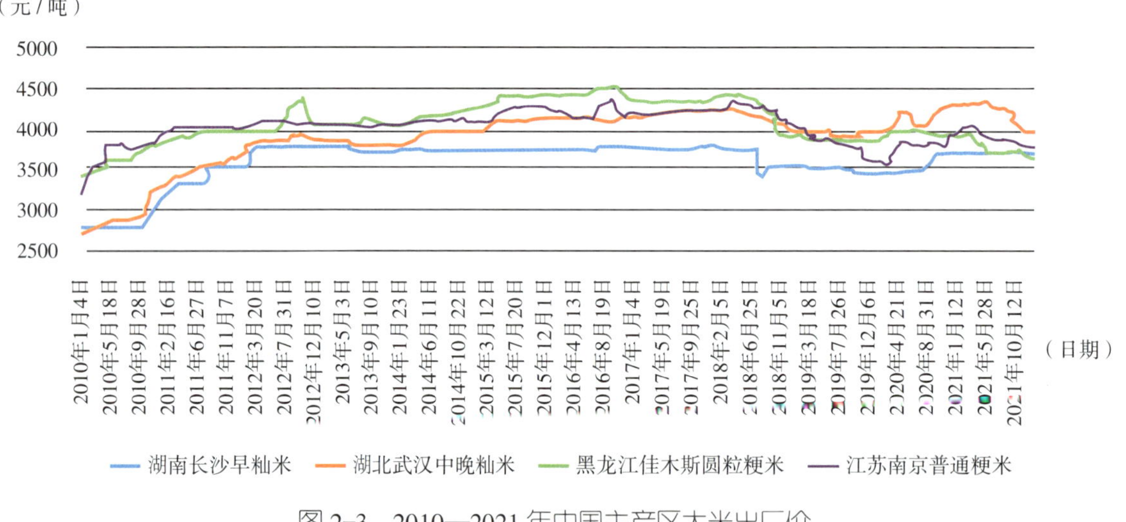

图2-3　2010—2021年中国主产区大米出厂价

4. 国际大米价格冲高回落，国内外大米价差回归

2021年12月底，泰国5%破碎率大米FOB报价397美元/吨，同比下降132美元/吨，降幅25%；越南5%破碎率大米FOB报价400美元/吨，同比下降100美元/吨，降幅20%。

亚洲大米出口价格回落主要原因：一是全球稻谷生产再获丰收。美国农业部发布的1月供需报告显示，预计2021/2022年度全球大米产量5.0987亿吨，为历史最高水平。二是疫情影响减弱。2020年全球新冠肺炎疫情突发，许多国家为维持社会稳定进行增储，且部分主产国短期限制大米出口造成价格大涨，

2021 年大米采购需求回归理性，价格逐渐回落。12 月底，越南 5%破碎率大米进口到港完税价 2926 元 / 吨，广东港口早籼米价格 3760 元 / 吨，国内外价差 834 元 / 吨，价差同比扩大 750 元 / 吨。

撰稿单位：国家粮油信息中心
撰稿人：丁艳明
审稿人：王晓辉、刘冬竹、李喜贵

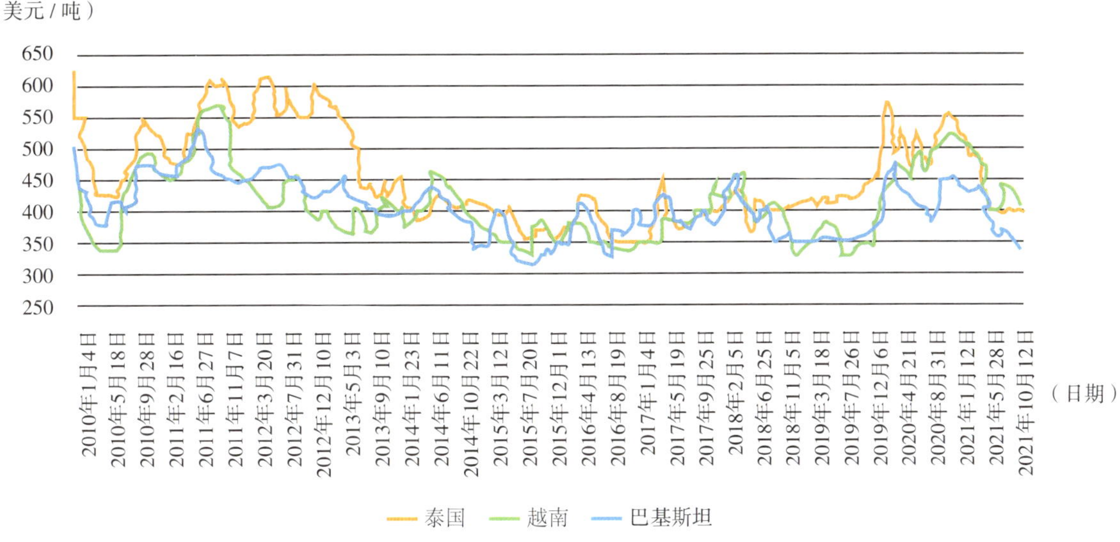

图 2-4　2010—2021 年世界主要大米出口国价格

四　玉米市场供求与价格

（一）玉米供给和需求状况

1. 玉米产量、进口双增

2021 年玉米播种面积扭转连续 5 年下滑势头，玉米产量同比增加，消费同比下降，玉米市场产需缺口继续缩小。全国玉米产量 27255 万吨，比上年增加 1188 万吨，增幅 4.6%。2019 年以来，我国玉米进口数量激增，近两年年均增速 144%，已成为全球第一大进口国，占全球玉米贸易总量比重由此前的 2%—4%升至 15%左右。据海关总署统计，2021 年我国进口玉米 2835 万吨，同比增加 1705 万吨，增幅 152%。其中从乌克兰、美国进口玉米数量分别为 824 万吨、1983 万吨，占比分别为 29%、70%。

2. 玉米需求下降

据国家粮油信息中心测算，2020/2021 年度国内玉米年度总消费 27604 万吨，同比减少 1991 万吨，减幅 6.7%。其中玉米饲料消费

17800 万吨，同比减少 1800 万吨，减幅 9.2%。由于我国生猪养殖快速增长，禽料需求维持高位，饲料粮需求明显回升，但受进口大麦、高粱等替代谷物和国产小麦、稻谷替代量双增影响，玉米饲用消费同比下降。测算 2021 年玉米工业消费 7800 万吨，同比减少 200 万吨，减幅 2.5%。玉米价格上涨导致深加工产品价格高企，出口受阻，抑制工业需求；另外受超期不宜存稻谷原料替代等因素影响，燃料乙醇消耗玉米量降至低位，玉米工业消费稳中有降。

（二）玉米市场价格走势

2021 年国内玉米价格先涨后跌，走势分化。2021 年底，东北地区玉米收购价 2320—2470 元 / 吨，同比下降 50—160 元 / 吨，降幅 2%—7%。华北地区玉米收购价 2640—2800 元 / 吨，同比上涨 30—160 元 / 吨，涨幅 3%—9%。

1. 第一阶段（2021 年 1 月至 5 月）：玉米价格冲高回落

2021 年 1—2 月，受国内外玉米期货价格上涨、新冠肺炎疫情及雨雪天气影响，国内玉米现货价格延续上涨至历史新高，同比上涨 1050—1150 元 / 吨。3 月份，国内玉米价格普遍回落。主要原因：一是生猪存栏下降，叠加非洲猪瘟疫情，饲料需求相对疲软。二是随着小麦与玉米价差不断扩大，小麦、饲用稻谷替代玉米增加，加之进口玉米及高粱、大麦也大量到货，国产玉米需求下降。三是气温回升不利于地趴粮存储，农户和贸易商售粮意愿增强。4—5 月份，国内玉米价格整体震荡为主。

2. 第二阶段（2021 年 6 月至 8 月）：玉米价格持续下跌

受进口玉米、高粱和大麦持续增加及期货价格连续下跌影响，东北贸易商集中出售存粮，玉米价格大幅走低，7 月底，玉米现货价格较年初高点下降 250—320 元 / 吨，DCE 玉米主力合约期价较年初高点下跌超 300 元 / 吨。8 月上旬新冠肺炎疫情仍点状散发，物流运输受阻致使玉米到货减少，价格小幅反弹后继续下行至月底。

3. 第三阶段（2021 年 9 月至 12 月）：玉米价格走势分化

9 月份，东北产区玉米价格下降，港口及南方销区玉米价格上涨。主要原因：一是华北连续阴雨天气致新粮上市偏晚，而东北玉米也因下霜推迟收获，南方市场出现短期青黄不接；二是煤炭供应偏紧导致东北物流紧张，运费提高推高销区价格；三是新粮上市前，北方港口和南方企业主动压减库存，导致南方供货减少，提价采购。10 月底，北方四港玉米库存为 233 万吨，同比下降 111.8 万吨。11—12 月份，国内玉米价格震荡回落。

撰稿单位：国家粮油信息中心
撰稿人：刘石磊
审稿人：王晓辉、刘冬竹、李喜贵

五　大豆市场供求与价格

（一）我国大豆产量下滑，进口同比减少

1. 大豆进口量减少，来源国依然集中

2020 年国内玉米价格大幅上涨，玉米种植收益超过大豆，农户种植大豆意愿明显减弱，种植面积大幅下滑，总产量同比减少 320 万吨，降至两年前水平，降幅超过预期。同时，国内大豆消费需求下滑及商业库存减少抑制进口需求。2021 年我国进口大豆 9652 万吨，同比减少 3.8%，其中自美国进口大豆 3231 万吨，同比增长 24.8%，占进口总量的 33.5%，比上年提高 7.7 个百分点，自美国进口大豆已经恢复正常，在美国大豆出口季节国内企业采购积极；自巴西进口 5815 万吨，同比减少 9.5%，占比 60.2%，比上年减少 1.9 个百分点，2018 年该比例最高达 75.1%；自阿根廷进口 375 万吨，同比减少 49.7%，占比 3.9%，主要因为阿根廷大豆减产，出口能力下滑。

2. 生猪养殖进入下行周期，豆粕消费增幅放缓

2021 年我国饲料产量同比增长 16.1%，带动饲料原料消费需求增加，但豆粕消费增幅相对较小。一方面，生猪养殖在 2021 年 5 月份开始亏损，饲料企业下调豆粕添加比例，减少豆粕用量。另一方面，小麦大量替代玉米，而小麦中蛋白质含量高于玉米，挤占了豆粕需求。2021 年末全国能繁母猪存栏 4329 万头，同比增长 4.0%，比正常水平高 5.6%，市场预期 2022 年生猪养殖将处于下行的趋势。另外，由于养殖效益不佳，养殖企业会着力提升母猪指标、降低出栏体重、提高料肉比来减少饲料消费需求。预计 2021/2022 年度我国蛋白粕饲用消费量 9723 万吨，同比减少 0.5%，其中豆粕消费量 7540 万吨，同比减少 1.2%。

（二）大豆市场价格走势及成因

2021 年全球大豆供应偏紧格局延续，叠加疫情、舆情、资金以及天气炒作等因素，美国大豆价格整体在 1200 美分 / 蒲式耳以上运行，走势较为坚挺。国产大豆供应偏紧，价格持续高位运行，新季大豆价格创下历史最高纪录。

1. 国际市场大豆价格走势

第一阶段（2021 年 1 月至 5 月中旬）：美国大豆期货价格震荡上涨。2020 年产美国大豆出口需求保持强劲，库存下滑至历史低位，但南美大豆丰产，限制涨幅。2021 年 4 月份美国大豆播种期天气条件不佳，加上生物柴油需求增长，刺激美国大豆价格持续上涨，5 月 12 日，美国 CBOT 大豆期价涨至 1643 美分 / 蒲式耳，创 2012 年 9 月份以来新高。

第二阶段（2021 年 5 月中旬至 10 月中旬）：美国大豆期货价格震荡走低。随着美国大豆产区天气条件改善，大豆播种进展顺利，尽

管6月中下旬产区出现干旱天气，但随着7月下旬天气的改善和美国调整生物柴油政策，美国大豆价格震荡下跌，10月13日最低收盘于1196.75美分/蒲式耳。

第三阶段（2021年10月中旬至12月）：美国大豆期货价格止跌反弹。美国大豆丰产已成定局，但加拿大菜籽大幅减产，国际豆粕需求增加，利多美国大豆价格。加上拉尼娜天气的影响，巴西南部和阿根廷大豆产区炎热干燥，影响大豆播种和生长，天气炒作推升美国大豆价格。2021年12月31日收盘于1339.75美分/蒲式耳。

2. 国产大豆市场价格走势

第一阶段（2021年1月至8月底）：国内大豆价格宽幅震荡。一方面，新冠肺炎疫情影响减弱，消费需求恢复性增加；另一方面，2020年大豆产量创历史新高，市场供应充足，国产大豆价格跟随上市量及国际市场大豆价格走势震荡调整，黑龙江国产大豆价格整体保持在5500—5900元/吨区间运行。

第二阶段（2021年9月至11月底）：国产大豆价格持续上涨，并刷新历史最高纪录。新季大豆播种面积下滑，减产成为市场关注焦点，而上年度大豆贸易收益较好，各类收购主体积极入市收购，中储粮也增加轮入收购，新季大豆上市后价格持续走高，11月底黑龙江大豆收购价格最高达6250元/吨，同比上涨约800元/吨，创历史最高纪录。

第三阶段（2021年11月至12月底）：国产大豆价格震荡回落。国产大豆价格大幅上涨抑制消费需求，南方用豆量大幅减少，贸易商提价收购积极性不高，开始观望，而农户在春节前集中销售压力增加，加上黑龙江地方储备大豆拍卖等增加市场供应，国产大豆价格震荡走低，12月底黑龙江国产大豆价格回落至6000元/吨。

撰稿单位：国家粮油信息中心
撰稿人：王辽卫
审稿人：王晓辉、刘冬竹、李喜贵

六 食用油市场供求与价格

（一）食用油市场供给和需求

1. 油料产量继续增长，油籽总产量下滑

2021年我国油料（不含大豆和棉籽）产量3613万吨，同比增加28万吨，增幅0.8%。其中，花生产量1820万吨，同比增长1.15%；油菜籽产量1445万吨，增长2.85%。其他小品种油籽大多呈增产态势，葵花籽、芝麻和胡麻籽产量分别为242万吨、47万吨和31万吨。全国棉花种植面积302.8万公顷，比上年减少14.1万公顷，减幅4.4%；单产1.893吨/公顷，同比增长1.5%，再创历史新高；产量573.1万吨，比上年减少18万吨，减幅3%。据国家

粮油信息中心测算，2021 年全国棉籽总产量 1031.5 万吨，比上年减少 3%。2021 年我国油籽（含大豆和棉籽）总产量 6285 万吨，比上年减少 324 万吨，减幅 4.9%。

2. 油籽和食用植物油进口回落

2021 年我国进口食用油籽（含大豆和棉籽）10205 万吨，比上年减少 414 万吨，减幅 3.9%。其中，进口大豆 9652 万吨，同比减少 379 万吨，减幅 3.8%；进口油菜籽 264 万吨，同比减少 48 万吨，减幅 15.3%；进口其他食用油籽 283 万吨，比上年增加 17 万吨。其中，芝麻 117 万吨，花生 100 万吨，亚麻籽 40 万吨，葵花籽 11 万吨，棉籽 14 万吨。食用植物油进口 1131.5 万吨，比上年减少 3.2%。分品种看，进口棕榈油（不含硬脂）465 万吨，同比略减 0.5 万吨，减幅 0.1%；进口豆油 112 万吨，同比增加 16 万吨，增幅 16.6%；进口菜籽油 215 万吨，同比增加 22 万吨，增幅 11.5%；进口葵花油 128 万吨，同比减少 67 万吨，减幅 34.3%。

3. 油脂油料消费需求继续增加

据国家粮油信息中心测算，2021 年我国食用油消费量 4255 万吨，同比增加 173 万吨，增幅 4.2%。其中食用消费 3708 万吨，同比增长 152 万吨，增幅 4.3%；工业消费 547 万吨，同比增长 21 万吨，增幅 3.9%。分品种看，豆油消费 1660 万吨，同比增加 110 万吨，增幅 7.3%；菜油 800 万吨，同比增加 50 万吨，增幅 6.7%；棕榈油 450 万吨，同比减少 13 万吨，减幅 2.8%；其他油脂 392 万吨，同比略增 2 万吨，增幅 0.5%。随着人民生活水平提高和消费转型升级，我国食用油消费仍呈增长趋势，但增速放缓。在国内食用油产量增长，进口维持高位的情况下，预计 2022 年我国食用油市场供应充裕，保供稳价具有坚实的物质基础。

（二）国内食用油价格走势及成因

1. 第一阶段(2021 年 1 月初至 3 月中旬)：食用油价格上涨

2021 年一季度全球食用油供应趋紧，国际原油价格走高，生物柴油需求预期增加；国内食用油库存偏低，价格上涨。3 月中旬，华东地区一级豆油价格 10400—10450 元 / 吨，比年初上涨约 1500 元 / 吨；沿海地区四级菜油价格 11600—11650 元/吨，上涨约 1200 元/吨；华南地区 24 度棕榈油价格 8500—8550 元 / 吨，上涨约 1100 元 / 吨。

2. 第二阶段（2021 年 3 月中旬至 6 月中旬）：食用油价格震荡下跌

3 月份东南亚棕榈油进入增产周期，产区库存上升；南美大豆迎来丰产；美国大豆播种顺利，产量预期增加。全球油脂油料市场供应改善，食用油价格走低。6 月中旬，华东地区一级豆油价格 8500—8550 元 / 吨，比 3 月中旬下跌约 1900 元 / 吨；沿海地区四级菜油价格 9900—9950 元 / 吨，下跌约 1700 元 / 吨；华南地区 24 度棕榈油价格 7850—7900 元 / 吨，下跌约 650 元 / 吨。

3. 第三阶段（2021 年 6 月中旬至 10 月下旬）：食用油价格重拾涨势

受新冠肺炎疫情影响，马来西亚油棕种植

园劳动力短缺，棕榈油增产不及预期；加拿大菜籽因干旱大幅减产，全球食用油供应再度趋紧，加之国际原油价格继续走高，推升食用油价格。10月下旬，大连商品交易豆油和棕榈油期货价格相继突破万元关口。华东地区一级豆油价格10750—10800元/吨，比6月中旬上涨2250元/吨；沿海地区四级菜油价格12750—12800元/吨，上涨约2850元/吨；华南地区24度棕榈油价格10350—10400元/吨，上涨约2500元/吨。

4. 第四阶段（2021年10月下旬至12月底）：食用油价格高位回落

受国际宏观因素影响，全球大宗商品价格回落，原油价格迅速走低。国内大豆到港量和压榨量增加，豆油供应改善。在食用油价格创近9年来新高后，资金继续做多意愿减弱，食用油价格高位回落。12月底，华东地区一级豆油价格9650—9700元/吨，比10月下旬下跌1100元/吨；沿海地区四级菜油价格12700—12750元/吨，下跌约100元/吨；华南地区24度棕榈油价格9550—9600元/吨，下跌约800元/吨。

撰稿单位：国家粮油信息中心
撰稿人：郑祖庭
审稿人：王晓辉、刘冬竹、李喜贵

专栏 5 《粮食流通管理条例》修订出台

2021 年 1 月 4 日，国务院第 121 次常务会议审议通过了《粮食流通管理条例（修订草案）》。2 月 15 日，李克强总理签署第 740 号国务院令，公布修订后的《粮食流通管理条例》（以下简称《条例》），自 2021 年 4 月 15 日起施行。

（一）《条例》修订的主要内容

此次《条例》修订，是在 2013 年、2016 年对部分条款进行修订基础上的第一次全面修订。《条例》修订立足于保障国家粮食安全的政治站位，适应粮食流通市场化发展的实践需要和粮食流通法律治理的新要求，针对粮食流通管理中存在的现实问题和短板弱项作出系统化的制度完善，具有很强的针对性和可操作性，体现了落实中央要求、坚持问题导向、反映改革成果、引领改革方向、完善基本制度的立法思路。修订的主要内容可以用“四个新变化”来进行概括：

一是管理体制的新变化。《条例》贯彻落实习近平总书记在中央农村工作会议上关于“粮食安全要实行党政同责，‘米袋子’省长要负责，书记也要负责”的最新讲话要求，在全面总结粮食安全省长责任制做法经验的基础上，第一次在行政法规中明确规定省、自治区、直辖市应当落实粮食安全党政同责，完善粮食安全省长责任制，承担保障本行政区域粮食安全的主体责任。同时，对有关职能部门粮食流通监管职责作出了进一步明确和细化。

二是管制方式的新变化。适应粮食流通市场化发展的实践需要，《条例》落实国务院“放管服”改革要求，取消了粮食收购资格行政许可，强化了粮食流通事中事后的监管措施，专门建立起粮食流通信用监管制度，强化了监督检查的职责和手段，为进一步优化营商环境、实现粮食流通的有效监管建构起了新的模式。

三是监管内容的新变化。《条例》针对粮食流通实践中暴露的突出问题，系统完善了粮食流通各类主体在政策性粮食管理、粮食流通经营行为规范、粮食质量安全、粮食节约和减损等方面的权利义务规范，细化规定了粮食流通的禁止性行为，补上了粮食流通管理的制度短板，为严肃查处违法违规行为，切实维护粮食流通秩序提供了制度依据和遵循。

四是责任追究的新变化。适应粮食流通法律治理的新要求，《条例》按照放松管制、加强监管的法治理念和要求，通过定额、倍数等不同罚则的设定，全面强化对粮食流通违法违规行为的法律责任追究，进一步提升违法成本、加大处罚力度。特别是对违反《条例》规定情节严重的行为，要求直接对企业法定代表人、主要负责人、直接负责的主管人员和其他直接责任人员予以处罚。

（二）切实抓好《条例》贯彻实施

《条例》修订出台为更好履行粮食流通管理职责、落实监管责任、维护市场秩序、保障国家粮食安全提供了重要的法律支撑。为把新修订的《条例》贯彻好、落实好、执行好，国家粮食和物资储备局及早谋划、多措并举，认真抓好宣传和贯彻实施工作。

1. 组织做好《条例》宣传工作

一是开好国务院政策例行吹风会。根据国务院新闻办安排，国家发展和改革委员会、司法部、财政部、国家粮食和物资储备局等部门同志出席政策例行吹风会。介绍《条例》修订有关情况，并就舆论热点和社会关心的问题回答记者提问，权威解读、正面宣传《条例》主要内容。二是举办《条例》贯彻实施座谈会。国家发展和改革委员会、国家粮食和物资储备局组织召开向媒体开放的《条例》贯彻实施座谈会，司法部、财政部、市场监管总局等部门，中储粮等企业代表和专家学者参加座谈。座谈会现场，相关专家学者接受了中央电视台等媒体记者采访。三是广泛开展《条例》宣传。认真策划、广泛协调、积极争取中央主流媒体、权威平台栏目高频率、多角度、分层次宣传解读《条例》核心精神和主要内容，营造《条例》贯彻实施的良好舆论氛围。及时在政府网站转发《条例》全文和新闻通稿，并发布司法部、国家发展和改革委员会、国家粮食和物资储备局有关负责同志答记者问以及专家解读文章，刊发了专门新闻稿。在《光明日报》推出《条例》宣传专版，刊发署名文章、专家访谈系列专题稿件，配发整版《条例》宣传公益广告。中央电视台“焦点访谈”播出《从田间到餐桌让粮食更安全》专题节目，对《条例》修订出台有关情况进行深度专题解读。

2. 周密部署贯彻实施重点工作

一是及时印发贯彻实施通知。国家发展和改革委员会、国家粮食和物资储备局印发《条例》贯彻实施通知，要求各级发展改革部门、粮食和物资储备部门深刻把握《条例》修订的重要意义，以高度的政治自觉和强烈的使命担当，切实担负起保障国家粮食安全的政治责任；认真领会《条例》修订提出的粮食收购事中事后监管、加强政策性粮食和粮食质量管理、防止和减少粮食损失浪费、主动履职担当严格依法监管等新要求，扎实做好《条例》贯彻实施各项配套工作，加快推进落实粮食流通的依法治理。二是专门部署落实“放管服”要求。对取消粮食收购许可事先审批后，加强粮食收购事中事后监管作出部署安排，要求各级粮食和物资储备部门不折不扣落实《条例》相关规定，不得以任何理由、任何形式变相保留行政许可。特别强调取消许可以后绝不能对粮食收购活动“一放了之”，要统筹运用、严格执行主体备案、情况报告、活动规范、监督检查等事中事后监管措施，加大违法违规行为处罚力度，切实维护好粮食收购活动正常秩序。同时，不断优化收购服务，创新服务方式，提高服务效能，持续提升为农为企服务水平，激发市场活力。

3. 组织开展《条例》培训

面向全系统举办《条例》贯彻实施培训班，全国人大常委会法工委、司法部、国家粮食和物资储备局有关负责同志进行专题授课；赴中粮集团就《条例》修订思路和主要内容进行宣讲。组织编写《条例》释义，对《条例》进行逐章逐条解读，深入阐释《条例》修订背景、精神实质、核心要义、条文内涵等，为准确理解和执行《条例》提供权威参考。

撰稿单位：国家粮食和物资储备局法规体改司

撰稿人：于涛、刘森

审核人：肖玲

第三部分

粮食宏观调控

一 政策性粮食收购

国家粮食和物资储备局高度重视粮食收购工作，加强粮食收购工作的统筹组织和协调指导，先后于2021年5月、9月召开夏季粮油收购工作会议和秋粮收购工作会议安排部署，指导各地和有关企业，全力抓好市场化和政策性“两个收购”，做到“有人收粮、有钱收粮、有仓装粮、有车运粮”。全年累计收购粮食7585亿斤，未发生农民“卖粮难”。

2021年，国家继续在部分主产区实施小麦和稻谷最低收购价政策。小麦、早籼稻、中晚籼稻、粳稻最低收购价分别为1.13元/斤、1.22元/斤、1.28元/斤、1.30元/斤，与上年相比，小麦、早籼稻、中晚籼稻每斤上调0.01元，粳稻保持不变。先后批复安徽、江西、河南、湖北、湖南、黑龙江等6省启动中晚稻最低收购价执行预案，督促中储粮集团公司切实履行政策执行主体责任，有效发挥政策托底作用。

为抓好疫情防控常态化下的粮食收购工作，结合“我为群众办实事”实践要求，细化实化为民为企服务。一是4月中旬，结合贯彻新修订的《粮食流通管理条例》规定，印发取消粮食收购许可有关事项的通知，对严禁变相审批、规范备案管理、优化收购服务提出明确要求。二是在安排部署收购工作时，始终突出强调创新服务方式，根据农民售粮需要，合理布设收购网点，积极推广预约收购，用心做好现场服务，方便农民高效、便捷、舒心卖粮。三是10月下旬，针对部分地区持续阴雨造成收获粮食水分偏高、品质存在下降风险的情况，专门印发紧急通知，对强化产后服务、做好烘干收储、加强监测预警等作出专门安排。

撰稿单位：国家粮食和物资储备局粮食储备司

撰稿人：董祥、王聪、孟凡墦、毕一卓、毕毅琛

审稿人：秦玉云、唐成

二　粮食储备及轮换

政府粮食储备是保障粮食安全的压舱石，事关经济发展和社会稳定大局。2021 年，国家粮食和物资储备局认真贯彻落实粮食储备改革意见精神，完善储备管理相关配套制度办法，健全储备运行机制，规范购销轮换操作，切实提升储备服务调控能力。持续强化中央储备计划管理，及时下达年度轮换计划，并指导有关企业严格执行，确保储备数量真实、质量良好和储存安全。加强对地方储备管理的指导协调，指导各地结合当地粮食产消形势等调整优化储备规模结构布局，探索创新管理模式，进一步提高储备效率效能，增强区域粮食安全保障能力。同时，积极推动两级储备协同运作，充分发挥储备吞吐在稳市场、保供应等方面的调节作用，有效保障市场平稳有序运行。

撰稿单位：国家粮食和物资储备局粮食储备司

撰稿人：向玉旭、温江波、高明、崔粹

审稿人：秦玉云、唐成

三 粮食监测预警

（一）强化统筹协调，完善粮食市场监测预警体系

国家粮食和物资储备局专题研究部署监测预警重大事项，粮食市场监测预警委员会多次召开专题会议，定期不定期会商讨论，加大监测预警工作力度。各级粮食和物资储备部门组建重点粮油品种首席分析师团队，及时研判供求形势，准确把握市场运行趋势。与地方各省级粮食监测预警委员会建立定期联络机制，实现市场信息互通共享。

（二）创新方式方法，提高粮食市场监测预警能力

面对国内外错综复杂的粮食市场变化形势，采取多种手段健全完善监测方法，拓宽数据来源，加强协同联动，形成工作合力，切实提高监测预警的前瞻性、时效性、准确性、针对性。一是健全会商工作机制。建立粮食预警会商专家库，增加召开会商会议频次，对粮食市场进行分析研判，为进一步掌握粮食流通基本状况、科学分析供求形势、加强行业指导、服务宏观调控奠定坚实基础。二是调整优化市场监测点布局。对国家级粮食市场价格监测点进行梳理，综合分析价格监测点运行状况和存在的问题，对价格监测点进行调整优化，累计调整一百余个监测点，各省相应调整地方监测点，使价格监测数据更加科学。三是强化重点时期重点品种监测预警。在收购旺季、新冠肺炎疫情等关键节点，加大对重点品种的监测力度，为特殊形势下粮油市场供应，提供科学的研判数据，确保粮油市场平稳运行。

（三）主动担当作为，推动监测预警工作成果转化

坚持服务决策、服务行业、服务社会，提升宏观调控水平，助力粮食产业发展，积极回应社会关切。密切跟踪市场形势，通过会商研判提出意见建议，及时运用到调控政策中，提高了调控效果。通过官方网站、主流媒体等平台，发布粮食市场价格、收购进度、购销情况分析等，传递准确市场信息，引导农民理性售粮、企业理性收粮，稳定市场预期。

撰稿单位：国家粮食和物资储备局粮食储备司

撰稿人：袁海波、赵泽林、耿晓頔、沈洁、董炳坤

审稿人：秦玉云、唐成

四　粮食产销合作

2021年，各地认真落实国家有关部门《关于深化粮食产销合作提高安全保障能力的指导意见》，主动适应粮食收储制度改革要求，坚持市场导向，强化政府推动，加强企业运作，进一步深化粮食产销合作，提高粮食安全保障能力。国家粮食和物资储备局指导各地做好粮食产销合作，精心筹办第四届中国粮食交易大会（后因故延期举办），积极协调中国国家铁路集团有限公司等单位，帮助有关省份和大型企业协调解决粮食运输问题。产销区之间按照互惠互利原则加强合作对接，建立长期稳定的合作机制，31个省（区、市）均签订了粮食产销合作战略协议。3月份，重庆市发展和改革委员会（粮食局）、四川省粮食和物资储备局、国家粮食和物资储备局四川局以及中储粮成都分公司签署川渝粮食安全战略合作协议，共同保障区域粮食安全。此外，各地克服新冠肺炎疫情等不利因素影响，积极搭建粮食产销合作平台，福建等12省（区）在福州举办了第十七届粮食产销协作洽谈会，江西等9省在南昌举办了第四届中国粮食交易大会——籼稻专场交易会。通过深化产销合作，主产区粮食有了更加稳定的销路，主销区市场供应有了更加稳定的粮源，实现了更高质量、更可持续的粮食安全。

撰稿单位：国家粮食和物资储备局粮食储备司

撰稿人：李洵、纪展、孙哲、杨璐、周培宏、陈晓雅

审稿人：秦玉云、唐成

五 粮食市场交易

（一）全年国家政策性粮食销售成交5497万吨

一是精心组织国家政策性粮食交易履约。国家粮食和物资储备局会同有关部门密切关注市场形势变化，健全完善轮换第三方交易机制，合理把握政策性粮食投放力度和节奏，综合施策、多措并举，确保了国内市场供应充足、运行平稳。2021年共组织政策性粮食竞价销售交易203场，成交国家政策性粮食5497万吨。其中，小麦成交3300万吨左右，稻谷成交2100万吨左右。针对年初玉米价格高位运行、小麦饲用替代增加、政策性小麦购销活跃的新情况，国家有关部门通过采取严格拍卖规则、调整粮源结构等多项举措，着力增加有效供给，同时督促有关企业加快履约出库进度，截至年底政策性粮食出库履约率94.57%。二是增加饲用粮食投放数量。从2021年6月夏粮收购开秤起，政策性小麦拍卖暂停，为稳定市场饲料粮源供应，采取了加大饲用粮食投放力度、扩大定向邀标参拍企业范围、丰富粮源投放品种等多项举措，不断提高投放精准性，充分保障了饲料粮市场的有效供应，有效抑制贸易商囤粮炒作，带动玉米、小麦市场价格稳步回落。三是用心服务乡村振兴。全力支持阜南县推进乡村振兴，组织“阜南优质小麦专场交易会”，销售溢价明显，有效增加种粮农民收入，促进当地优质粮食产销衔接。

（二）中央储备粮和地方政策性粮食进场规模持续扩大

一是中央储备粮轮换进场交易取得新突破。通过国家粮食交易平台进行轮换的中央储备粮逐步增加，全年进场轮换交易量较上年增长22%。二是地方储备粮进场规模持续扩大。全年共组织各级储备粮油竞价销售和采购2406场，成交2804.1万吨，同比增加1189.9万吨；成交金额810亿元，同比增加420.6亿元。

撰稿单位：国家粮食和物资储备局粮食交易协调中心

撰稿人：姜青志、李杨、郝晋彬

审稿人：许策

专栏 6　全力做好粮食保供稳市

全国粮食和物资储备系统扎实做好“六稳”工作，全面落实“六保”任务，认真落实国务院批复同意的粮食库存消化方案，坚持常年常时在国家粮食交易平台公开投放政策性粮食，灵活安排投放数量、时机、节奏，适时调整细化交易规则，坚决抑制投机行为，确保形成有效供给，满足广大企业用粮需求，进一步健全粮油应急保供机制，扎实做好粮食应急保供工作。认真落实国务院联防联控机制生活物资保障组工作要求，按程序启动应急保供工作机制，定期召开工作例会研究会商、安排部署；建立粮油市场日监测日报告机制，加强与疫情防控重点地区联络对接，及时调度了解有关地区粮油库存和市场供应情况；坚持统筹谋划，协调建立多省份联动保障工作机制；及时协调解决中粮集团、益海嘉里等粮油应急加工企业在物流、劳动力、原材料不足等方面困难；及时召开新闻发布会和通气会，发布权威信息，积极释放粮油市场供给充足、运行平稳等信号。特别是 2021 年 11 月初，针对国内个别地区出现粮油抢购现象，立即启动应急响应机制，召开新闻发布会引导社会预期，有效缓解部分地区粮油市场供应紧张状况。云南省出台粮油保供稳市“八条措施”，严密做好 8 个州（市）25 个边境县疫情期间粮油供应。江苏省南京市在疫情期间连续 6 次向禄口等应急保供重点地区累计配送大米 200 万斤、食用油 35 万升，保障群众生产生活需要。青海省积极应对果洛州玛多县“5・22”地震、海北州门源县“1・8”地震，扎实开展粮库灾情排查、核损和库存清查，保障粮食储备安全。内蒙古自治区立足东西跨度大的实际，建立自治区内盟市就近支援、快速处置的区域联动保障机制。陕西省疫情期间为粮油应急运输车辆办理通行证，开辟“绿色通道”，保障粮油应急运输车辆顺畅通行。

撰稿单位：国家粮食和物资储备局粮食储备司、应急物资储备司

撰稿人：董祥、陈林、王聪、孟凡璠、毕一卓、毕毅琛、石磊、李燕博、张晴伟

审稿人：秦玉云、王宏、唐成、杨青

第四部分

粮食安全监管

一 粮食仓储管理

粮食仓储管理是守住管好“天下粮仓”的基础性工作。2021 年粮食仓储管理工作厚植爱粮保粮传统、弘扬“四无粮仓”精神，在夯实制度基础、促进绿色提升、加强指导交流等方面创新进取，取得突破。

（一）落实粮食储备体制机制改革任务，进一步强化政府储备仓储管理

出台《政府储备粮食仓储管理办法》（以下简称《办法》），明确政府储备仓储管理各方责任、基本要求和管理规范。加强《办法》组织实施，开展宣贯和培训辅导，强化仓储管理业务指导，研究解决实际问题。结合“我为群众办实事”实践活动，针对“局长信箱”和群众来电、信函咨询等群众关切的问题，整理政策解读和管理技术等，集中在国家粮食和物资储备局政府网站公布，提升宣贯成效。

（二）推动仓储管理高质量发展，开展粮食绿色仓储提升行动

出台《粮食绿色仓储提升行动方案》，引领各地通过建设高标准粮仓、改造升级粮仓关键性能和储藏功效、因地制宜适配绿色储粮技术、发展智能粮情系统、提高除尘降噪能力、粮仓分类分级等，逐步实现绿色仓储、“优粮优储”，增加绿色优质原粮供给，推动粮食仓储提档升级、提质增效，助力粮食产业高质量发展。开展绿色储粮标准化试点工作，推动绿色仓储技术体系和标准体系建立完善。

（三）科技赋能储粮，开展前瞻研究，创新业务指导，助力“绿色仓储”

开展粮食仓储保温隔热技术系统研究、绿色优储概念及评测方法研究、有害生物综合防治与主流熏蒸剂应用现状研究。创新制作完成“绿色储粮重点技术三维演示片”、“储粮专家说”微课、“仓储保管规范操作示范片”等系列视频，打造全天候学习交流可视化资源，促进对保管操作规范和绿色储粮技术的理解与应用。利用粮食公益性科研专项成果“友粮人”APP 等新媒体，搭建仓储管理技术应用和交流一站式专业化平台，推动疫情防控常态化下行业交流互鉴。

“十四五”时期，粮食仓储管理工作将以习近平新时代中国特色社会主义思想为指导，贯彻落实总体国家安全观和国家粮食安全战略，聚焦国家粮食和储备安全核心职能，以粮食绿色仓储提升行动为抓手，大力推广应用绿色储粮技术，推动新技术集成整合，持续提高科学储粮水平和品质保障能力，促进政策性粮食仓储管理规范化、精细化、绿色化、智能化。

撰稿单位：国家粮食和物资储备局安全仓储与科技司

撰稿人：施季辉、李鹏飞、黄雨

审稿人：周冠华、张成志、彭扬

专栏 7　中央储备粮棉管理和中央事权粮食政策执行情况年度考核

2020 年度中储粮考核，实施“考核办法 + 年度重点”新模式，实现了对中储粮分（子）公司、直属库等所有直属企业考核“全覆盖”和对粮、棉、油等所有品类中央储备考核“全覆盖”。考核坚持从中央储备宏观治理和微观管理双管齐下，紧扣粮棉管理、政策执行、问题整改等关键环节，按照企业自评、实地考核、随机抽查、总体情况考核等阶段接续推进，力求全面立体反映中央储备管理现状。通过开展考核，有力督促中储粮系统积极适应监管新形势，不断提升内控治理水平，在管好“大国粮仓”方面发挥出重要作用；各垂管局以考核推动监管，以监管支撑考核，成为保障中央储备安全可靠的重要力量。实践证明，实施中储粮年度考核，是推动粮食储备领域治理体系和治理能力现代化的关键举措，有力彰显了党中央确保国家粮食和物资储备安全的制度优势。

国家粮食和物资储备局总结前三年考核经验做法，认真研究制定《中央储备粮棉管理和中央事权粮食政策执行情况年度考核办法》；结合 2020 年国家宏观政策导向，印发了《关于做好 2020 年度中央储备粮棉管理和中央事权粮食政策执行情况考核工作的通知》，明确 2020 年度考核工作重点；及时召开考核动员视频会议全面部署 2020 年度考核工作。

各垂管局压实责任、真考实核，为考核取得实效奠定坚实基础。各垂管局“一把手”直接抓，举全局之力投入考核，2021 年 5 月底如期完成实地考核工作。各垂管局对辖区内中储粮分公司直属企业实地考核比例均在 30% 以上，重点对上两年度尚未现场核查的直属企业进行实地考核，实地考核共发现问题 833 个。

考核工作组明确重点、有的放矢，认真检视年度考核工作。2021 年 5 月底，组织 5 个抽查组，对中储粮内蒙古、黑龙江、河南、湖南、贵州 5 个分公司进行随机抽查，深入抽查了 22 个储粮库点。通过查阅资料、核对账簿、实地查库、座谈交流、扦样核查等方式，对照七方面重点考核内容，认真查找问题和风险隐患，提出针对性整改要求。考核工作组扎实开展集团公司层面总体情况考核，6 月到中储粮集团公司对总体情况进行了考核。通过查阅资料、问询谈话、核实问题等方式，重点从粮食数量、质量、安全管理，中央储备粮棉管理，国家政策执行，问题整改等方面进行全方位考核。年度考核“既考基层、又考顶层”的效果基本实现，集团公司自觉接受考核、服从监管的意识进一步增强。

国家粮食和物资储备局考核办联动各方、反复商酌，力求考核结果经得起检验。坚持问题导向、结果导向，认真汇总梳理各阶段考核评价成果，结合企业自评，客观形成了考核结果报告，经国务院审定后通报中储粮集团公司，督促抓好考核发现问题整改。总体上，2020年中储粮集团公司认真贯彻落实党中央、国务院决策部署，紧扣储备轮换、政策性粮食收储等核心工作，聚焦重点难点问题持续发力，中央储备粮棉管理总体良好，中央事权粮食政策执行情况较好。

撰稿单位：国家粮食和物资储备局执法督查局

撰稿人：郭坚、杨乔伟、温朝晖

审稿人：钟海涛、廖小平

二　粮食流通秩序规范

（一）加强粮食流通执法监管

一是进一步强化政策性粮食管理和监管。国家有关部门印发《关于进一步明确国家政策性粮食日常管理和依法监管有关问题的通知》，进一步明确政策性粮食收储各参与主体责任，以及政策性粮食从收购定点到销售出库全流程管理要求，强化内部管理和外部监管措施，有效防范风险隐患。二是做好国家粮食和物资储备执法督查专业人才库建设工作。2021年6月在国家粮食和物资储备局政府网站上公布497名专家，其中粮食类315人，物资储备类182人，为粮食和物资储备执法督查工作提供专业人才支持。三是认真组织粮食收购监督检查。国家粮食和物资储备局印发《关于进一步加强2021年夏季粮油收购监督检查工作的通知》《关于做好2021年秋粮收购监督检查工作的通知》。组织督导组分赴江苏、河南、山东等6个主产区开展夏粮收购现场督导，并视频督导秋粮收购工作，确保了国家收储政策的严格落实和粮油收购工作的顺利进行。四是组织召开粮食执法督查典型案件首次通报会。2021年4月14日，首次通报了地方粮食和储备部门、中储粮集团公司2020年以来查处的一批涉粮违法违规案件，释放了“强监管”的强烈信号，发出了守住管好“大国粮仓”的最强声音，社会反响良好。五是举办全国粮食执法督查政策业务视频培训班。2021年7月28日至29日，组织对省市县三级粮食和储备部门、垂管局9200余名执法督查人员的视频培训，深化对《粮食流通管理条例》相关规定的理解，进一步提升执法督查业务水平，推动“亮剑2021”专项执法行动取得预期效果。

（二）创新粮油库存检查方法

一是扩展检查范围。国家有关部门组织开展2021年全国政策性粮油库存检查，将政策性植物油纳入库存检查范围，强化对政策性植物油的监管。二是狠抓问题整改。各地各单位开展粮油库存检查发现问题整改“回头看”工作，全面梳理各地检查发现的6400多个问题，归纳聚焦违反《粮食流通管理条例》的20个重点问题，督促各地作出行政处罚。三是压实储备管理和监管责任。制定出台《粮食储备管理问责办法（试行）》，明确粮食储备行政管理部门、事业单位、储备企业及其工作人员应当依规依纪依法予以问责的具体情形，强化对粮食承储企业和粮食储备管理部门的管理与监督，规范从业人员依法履行粮食储备管理和监管职责行为，确保权责一致。

（三）优化办好12325热线

一是健全完善制度。认真总结经验，修订发布《12325全国粮食和物资储备监管热线举报处理规定》，进一步健全完善举报查处职责、举报线索处理、线索处理流程等制度。二是加强分析研判。运用新版热线系统，加大热线数据统计，及时分析和研判出现的苗头性、潜在性问题，将问题解决在萌芽状态。针对多次集中举报同一问题的情况，及时采取有效措施，跟踪处置情况，及时回应社会关切。三是严格审核把关。对承办单位举报线索查办不认真、处置不到位、核查不尽责的核查报告坚决予以退回，提出意见要求整改，确保了举报线索的核查证据确凿、事实查清、定性准确、处理到位。热线社会知晓关注度不断提高，“前哨”“尖兵”作用日益凸显，“利剑”成效有力彰显。2021 年，受理有效投诉举报 859 件，同比增加 632 件，增长 278%。各部门和相关单位积极查办，帮助兑现拖欠农民售粮款 3600 多万元，协调出库粮食约 8.7 万吨，避免了近 2500 吨食品安全指标不合格的粮食流向口粮市场。

撰稿单位：国家粮食和物资储备局执法督查局

撰稿人：展飞、邓立、李昭、王福东、安佳宁、吕冰

审稿人：钟海涛、廖小平、朱之光、杨卫辰

专栏 8　“亮剑 2021”专项执法行动

国家粮食和物资储备局自 2021 年 6 月起，组织集中开展全国粮食流通“亮剑 2021”专项执法行动（以下简称“专项执法行动”），聚焦重点环节、重点问题，加大执法检查力度，紧密结合粮食购销领域腐败问题专项整治行动，严肃查处粮食流通违法违规案件，扎实推进专项执法行动取得预期效果。

（一）提高站位，细化专项执法行动部署安排

国家粮食和物资储备局切实提高政治站位，制定印发专项执法行动方案，及时召开动员部署会，进行周密细致部署；全国 32 个省级粮食和储备部门（含新疆生产建设兵团）、26 个垂直管理局结合实际，细化具体任务和安排部署，均成立专项执法行动领导机构。

（二）加强培训，加大专项执法行动人员保障

7 月底，举办全国政策业务视频培训，粮食流通执法督查队伍 9200 余人参训。12 月底，举办行政执法证暨粮食监管执法业务培训。

（三）扩大宣传，营造专项执法行动良好氛围

坚持将执法宣传与专项执法行动同研究、同部署、同推进、同落实，营造“有法必依、执法必严、违法必究”的浓厚氛围。国家粮食和物资储备局先后组织召开新闻通气会 6 次，及时通报专项执法行动的部署、阶段性进展、取得的成绩等。

（四）严格督导，压实专项执法行动主体责任

建立专项执法行动进展情况半月调度和每月通报机制，压实各地责任，强化督导指导，确保专项执法行动方向不偏、温度不降、力度不减。专项执法行动期间，共调度 15 次，印发通报 4 期。各省级粮食和储备部门狠抓对市县专项执法行动的调度指导，形成一级抓一级、层层抓落实的工作机制。

（五）完善机制，创新专项执法行动执法方式

注重完善执法机制，创新执法方式，加强与市场监管等相关部门的沟通协调，推动完善联合执法、联合办案机制，并强化行纪、行刑衔接，将违纪和涉嫌犯罪问题线索，及时移送纪检监察和司法机关，取得了积极成效。

（六）依法查处，放大专项执法行动震慑效应

坚持涉粮违法违规问题零容忍、快查办、

重惩处，截至 2021 年 12 月底，各级粮食和储备部门依法作出警告及以上行政处罚 271 例，罚款 724.53 万元，没收违法所得 53.02 万元，有力震慑了违法违规行为，有效维护了粮食流通市场秩序，保护了种粮农民和消费者合法权益，为保障国家粮食安全作出了积极贡献。

撰稿单位：国家粮食和物资储备局执法督查局

撰稿人：展飞、王福东

审稿人：钟海涛、廖小平

三　粮食质量安全监管

（一）粮食质量安全监管制度建设取得新进展

一是落实《粮食流通管理条例》有关要求，启动《粮食质量安全监管办法》修订工作，加强粮食质量安全监督管理；组织制定《粮食质量安全风险监测管理暂行办法》，进一步规范粮食质量安全风险监测工作，加强质量安全风险控制和管理。二是进一步明确储备玉米相关标准执行要求，确保国家储备粮食质量安全水平。三是与生态环境部等四部门联合印发《农用地土壤镉等重金属污染源头防治行动实施方案》，强化粮食质量安全源头管控。

（二）指导推进粮食质量安全检验监测体系建设

不断加强粮食质量安全检验监测体系建设，着力构建以国家和省级为龙头、市级为骨干、县级为基础的粮食质量安全检验监测体系。截至2021年底，全国粮食和储备部门有粮食质量安全检验机构712个，其中国家级1个、省级26个、市级213个、县级472个。粮食质量安全检验监测体系积极发挥技术支撑作用，服务粮油标准制修订；开展粮食检验检测技术研究、咨询和培训；开展粮食质量安全风险监测，放心粮油、好粮油等成品粮油监测，有关部门以及粮食企业委托的检验业务等，2021年累计检验样品55万份，为确保人民群众“舌尖上的安全”提供了强有力的技术支撑。

（三）创新优化粮食质量安全监测

一是首次明确各地应根据当地粮食产量，制定新收获粮食质量安全监测方案，2021年全国累计采集检验新收获粮食样品6.4万份，监测代表性大幅提高，为完善国家粮食宏观调控政策提供技术支撑。二是针对2021年部分地区小麦、玉米生产收获期间雨雪等异常天气造成的粮食污染情况，第一时间组织相关省份开展应急监测，及时摸清粮食质量安全实际状况，强化风险预警。三是选择部分重点省份重点粮食品种，组织开展粮食质量安全专项异地监测，提高监测效用。

（四）持续开展库存粮油质量检查

在2021年全国政策性粮油库存检查工作中，组织各地共采集检验库存粮食质量安全样品6700多个，覆盖近2300个库点，获得数据6万余个。从检查结果来看，全国库存政策性粮油整体质量安全处于较好水平。

（五）切实履行国家粮食和物资储备局国务院食安委成员单位职责

一是落实国务院食安委要求，督促指导各地粮食和储备部门按照《2021年食品安全重点工作安排》，开展粮食质量安全相关工作。二是配合国务院食安办完成 2020 年、2021 年度食品安全工作评议考核，督促粮食质量安全工作中存在不足的省份进行整改。2021 年，国家粮食和物资储备局 1 个集体、1 名个人荣获全国食品安全工作先进表彰。

（六）规范推进粮食质量安全考评

组织开展 2020 年全国粮食质量安全工作考评，首次组织第三方中介机构现场评估环节。评选出了 18 家优秀单位（省级粮食和储备部门）和 41 名优秀个人，并在“全国食品安全宣传周・粮食质量安全宣传日”活动中对优秀单位和优秀个人代表颁发了奖牌、奖状，激励各地更好地开展粮食质量安全工作。同时，督促相关省份采取有效措施及时整改考评中发现的问题。

撰稿单位：国家粮食和物资储备局标准质量中心

撰稿人：刘卓、尹诗文、崔红叶

审稿人：王耀鹏、齐朝富、孙长坡、李玥

第五部分

粮食质量与标准

一 总体状况

从新收获粮食质量安全监测结果来看，2021年全国油菜籽整体质量较好；小麦整体质量为近5年来中等水平；早籼稻整体质量正常；中晚籼稻出糙率平均值、等级比例处于正常水平，整精米率较正常年景略有下降；粳稻整体质量好于上年；玉米整体质量为近3年较低水平；大豆整体质量正常。

积极推进粮食标准化工作，认真落实《反食品浪费法》《国家标准化发展纲要》及《粮食节约行动方案》，加强粮食标准国际化工作交流合作。截至2021年底，国家粮食和物资储备局负责归口管理的粮食标准共655项。其中，国家标准377项，行业标准278项，基本建成粮食收购、储存、加工、销售等粮食全产业链标准体系。持续推动牵头制定ISO国际标准，我国提出的《油茶籽油》标准提案通过国际食品法典油脂委员会会议审议，《玉米》国家标准外文版正式发布。

撰稿单位：国家粮食和物资储备局标准质量中心

撰稿人：徐广超、张艳、魏铭、祁潇哲、袁强、窦幽璇

审稿人：王耀鹏、齐朝富、孙长坡、李玥

二 主要粮食品种收获质量

2021年，相关省份粮食和储备部门共采集质量调查样品6.4万余份，主要检验国家标准规定的质量指标，获得检验数据40余万个，全面反映新收获粮食质量总体情况。

（一）早籼稻

安徽、福建、江西、湖北、湖南、广东、广西、海南等8个省份采集检验87个主产市的3463份样品，整体质量较上年提升，属于近5年平均水平，但一等比例有所下降。全部样品检验结果为：出糙率平均值77.9%（二等），与前4年平均值持平；一等至五等的比例分别为23.5%、40.1%、27.5%、5.0%、2.6%，等外品为1.3%；中等以上的占91.1%，中等以上比例与前4年平均值基本持平，但一等比例下降15个百分点。整精米率平均值53.4%，与前4年平均值持平；其中不低于44%的比例为88.6%，不低于50%的比例为68.9%，均

与前4年平均值基本持平。不完善粒平均值4.3%，与前4年平均值持平，主要是未熟粒、病斑粒。

（二）中晚籼稻

安徽、江西、河南、湖北、湖南、广东、广西、四川等8个省份共采集检验111个地市的9212份样品。从调查结果来看，出糙率平均值、等级比例、不完善粒平均值等各项指标都处于正常水平，整精米率较正常年景略有下降。全部样品检测结果为：出糙率平均值77.7%，一等至五等的比例分别为23.7%、46.1%、25.0%、3.7%、1.1%，等外品为0.4%；中等（三等，出糙率不低于75%）以上的占94.8%；整精米率平均值56.5%，不低于44%（对应三等以上）的比例为94.6%；不完善粒平均值3.5%。

（三）粳稻

辽宁、吉林、黑龙江、江苏、安徽、宁夏等6个省份共采集检验样品6328份，涉及59市247县（区）。从调查结果来看，整体质量好于上年。全部样品检测结果为：出糙率平均值80.2%（二等），中等以上的占95.3%。整精米率平均值65.1%，不低于55%的比例为97.5%，各项指标均较上年略有提高；不完善粒平均值4.1%，与上年基本持平。

（四）小麦

河北、山西、江苏、浙江、安徽、山东、河南、湖北、四川、陕西、宁夏等11个省份共采集检验12520份样品，涉及112个主产市。整体质量为近5年来中等水平（不如上两年），平均容重、等级比例各项指标均与前4年平均值基本持平。平均等级二等，中等以上比例超过九成。全部样品检验结果为：容重平均值787g/L（二等），一等至五等比例分别为51.6%、29.5%、12.5%、3.5%、1.6%，等外品为1.4%；中等以上占93.6%，各项指标均与前4年平均值基本持平。不完善粒率平均值5.4%，较前4年平均值增加0.8个百分点；其中符合国标中等相应要求（≤8%）的比例为87.0%。

（五）玉米

河北、山西、内蒙古、辽宁、吉林、黑龙江、安徽、山东、河南、湖北、广西、重庆、四川、贵州、云南、陕西、甘肃、宁夏等18个省份共采集检验样品21591份，涉及189个市的1156个县（区）。从监测结果来看：总体上看，玉米整体质量为近3年较低水平，平均容重和一等比例有所下降。其中，东北产区整体质量较上年有所提高；黄淮海产区受生长、收获期间降雨影响，整体质量下降较明显；西南产区整体质量正常，其中云南、广西一等比例超过或接近九成。全部样品检测结果为：容重平均值717.9g/L（二等），较上年有所下降，一等至五等比例分别为50.1%、29.5%、16.3%、3.4%、0.5%，等外品为0.1%；中等以上比例为95.9%，与上年持平，一等比例较上年下降21个百分点。不完善粒含量平均值3.8%，较上年增加0.1个百分点；不超过8%

的比例为92.6%，与上年基本持平。霉变粒含量平均值0.3%，达标（不超过2.0%）比例96.9%。

（六）大豆

辽宁、吉林、黑龙江、安徽、河南、湖南、云南等7个省份共采集检验样品1307份，样品涉及60个市。整体质量基本正常，完整粒率平均值89.8%（三等），国标中等以上的占83.3%。损伤粒率平均值4.2%，符合等内品（不高于8%）的比例为80.4%。

（七）油菜籽

江苏、安徽、江西、河南、湖北、湖南、四川等7个省份共采集检验样品2421份，涉及71市。整体质量与上年基本持平，仍属于近年来较好水平。全部样品检验结果为：平均含油量40.6%（二等），一等至五等比例分别为31.2%、29.2%、21.6%、11.5%、5.2%，等外为1.3%；中等以上比例为82.0%，各项指标均与上年基本持平。不完善粒方面，未熟粒较多，其他基本正常。未熟粒平均值1.2%，较上年有所增加，符合中等以上要求的（≤6.0%）比例为95.9%。热损伤粒平均值0.07%，符合中等以上要求的（≤1.0%）比例为99.0%。生芽粒平均值0.6%，符合标准要求（≤2.0%）比例为94.9%。生霉粒平均值0.5%，符合标准要求（≤2.0%）比例为96.6%。芥酸含量平均值16.6%，符合低芥酸油菜籽标准（≤3.0%）的比例为29.6%，略低于上年。

撰稿单位：国家粮食和物资储备局标准质量中心

撰稿人：徐广超、张艳、魏铭、祁潇哲、袁强、窦幽璇

审稿人：王耀鹏、齐朝富、孙长坡、李玥

三 优质和专用粮食品种质量

2021年，19个省（区、市）粮食和储备部门组织开展了品质测报工作，共采集样品7000余份，获得检验数据8万余个，通过发布粮食品质信息，推动优化当地粮食种植结构，服务粮食产业高质量发展。

（一）早籼稻

相关省份采集的优质品种样品份数和符合国家优质稻谷标准的样品比例（以下简称“达标率”）分别为：江西采集样品184份，达标率13.0%；湖南采集样品50份，达标率14.0%；广东采集样品50份，达标率64.3%；

广西采集样品 219 份，达标率 57.1%。

（二）中晚籼稻

相关省份采集检验优质品种样品份数和达标率分别为：安徽采集样品 203 份，达标率 89.2%；福建采集样品 204 份，达标率 57.4%；江西采集样品 173 份，达标率 85.5%；湖南采集样品 72 份，达标率 69.4%；广西采集样品 194 份，达标率 88.1%；贵州采集样品 80 份，达标率 87.5%；云南采集样品 79 份，达标率 51.9%。

（三）粳稻

相关省份采集检验优质品种样品份数和达标率分别为：辽宁采集样品 275 份，达标率 44.0%；吉林采集样品 180 份，达标率 68.3%；黑龙江采集样品 417 份，达标率 83.7%；安徽采集样品 31 份，达标率 16.1%；宁夏采集样品 319 份，达标率 19.4%。

（四）小麦

相关省份采集检验小麦样品份数和符合强筋小麦国家标准的比例（以下简称“强筋比例”）分别为：河北采集样品 236 份，强筋比例 25.0%；山西采集样品 49 份，强筋比例 4.1%；安徽采集样品 274 份，强筋比例 8.3%；山东采集样品 387 份，强筋比例 15.5%；河南采集样品 562 份，强筋比例 31.7%；湖北采集样品 150 份，强筋比例 71.1%；四川采集样品 189 份，强筋比例 35.3%。

（五）玉米

天津、河北、山西、内蒙古、辽宁、吉林、黑龙江、安徽、河南、湖北、湖南、贵州、云南、甘肃、宁夏 15 省（区）玉米内在品质指标整体属于正常水平。其中，淀粉含量平均值 73.3%，较上年增加 1.8 个百分点；粗蛋白质含量平均值 9.2%，较上年增加 0.1 个百分点；粗脂肪含量平均值 4.2%，与上年持平。

（六）大豆

辽宁、吉林、黑龙江、安徽、河南、湖南 6 个省份大豆粗蛋白质含量平均值 39.9%，符合高蛋白质大豆标准（粗蛋白质含量不低于 40%）的比例为 29.2%。粗脂肪含量平均值 20.3%，符合高油大豆标准（粗脂肪含量不低于 20%）的比例为 24.6%。

撰稿单位：国家粮食和物资储备局标准质量中心

撰稿人：张艳、魏铭、祁潇哲、窦幽璇

审稿人：王耀鹏、齐朝富、孙长坡、李玥

专栏 9 2021 年“全国食品安全宣传周 · 粮食质量安全宣传日”主场活动

按照国务院食品安全办统一部署，2021 年 6 月 27 日，国家粮食和物资储备局在重庆举办了以“强化粮食标准引领和质量监管确保‘舌尖上的安全’”为主题的“全国食品安全宣传周 · 粮食质量安全宣传日”主场活动，各地粮食和储备部门同步开展了宣传活动。

主场活动重点宣传贯彻了习近平总书记“四个最严”要求和关于标准质量工作的重要论述，以及国家近年来在粮食标准制修订、粮食质量安全监管和粮食质量安全检验监测体系建设等方面取得的成效。结合标准质量工作实际和居民普遍关心的粮油消费常识，编写并统一印制发放《粮食标准和质量安全 100 问》。国家粮食和物资储备局党组成员、副局长梁彦出席活动并讲话，重庆市人民政府副市长李明清出席活动并致辞。在活动启动仪式上，播放了粮食标准质量工作成效介绍片；发布了近年来粮食标准质量相关政策文件；国家粮食和物资储备局标准质量中心党员干部进行了诗朗诵《我们的约定》；重庆粮食行业代表进行了“粮食安全卫士”集中宣誓；选取了《粮食标准和质量安全 100 问》部分内容进行现场问答互动；为获得 2020 年度粮食质量安全优秀单位和优秀个人颁发了奖牌、奖状。

主场活动情况及标准质量工作成效在当天的中央广播电视总台新闻联播、新闻直播间、财经频道和三农频道播出，央广网、中新网、《光明日报》、《工人日报》等众多媒体集中进行了宣传报道。并将活动情况翻译成外文版进行宣传报道。

各地广泛开展粮食质量安全宣传，通过举办主题宣传、发放科普宣传材料、开展科普讲座、开放粮食质量安全检验机构实验室、展示特色粮油产品等系列活动，向广大消费者积极宣传“尚俭崇信”的食品安全理念，普及粮食标准和质量安全相关知识，取得了良好效果。

撰稿单位：国家粮食和物资储备局标准质量中心

撰稿人：张庆娥、魏铭、尹诗文、窦幽璇

审稿人：王耀鹏、齐朝富、孙长坡、李玥

四 粮食标准化

（一）健全粮食标准化管理制度

制定《粮食和物资储备标准化工作管理办法》和《粮食和物资储备行业标准化技术委员会管理办法》，进一步完善了粮食和物资储备领域标准的制修订管理以及标准实施与监督检查等相关规定，为开展粮食和物资储备标准化管理工作提供了制度性保障。修订《国家粮油标准研究验证测试机构管理暂行办法》，进一步加强国家粮油标准研究验证测试机构管理，保证粮油标准制修订的科学性、规范性、时效性，提高粮油标准质量和可操作性，促进标准有效实施。

（二）持续推进粮食标准制修订工作

一是做好粮食标准计划立项工作。按照标准制修订流程，围绕绿色优质、节粮减损、绿色储粮等重点领域，下达48项粮食行业标准制修订和标准样品计划，推动完成《小米》《粟》等24项国家标准制修订计划立项。二是抓好关系民生标准制修订。推动发布《青稞》《小麦粉》《挂面》《菜籽油》《食用调和油》等12项国家和行业标准，完成《荞麦米》《中国好粮油花生》等15项标准的征求意见。其中，《青稞》国家标准的发布对于促进青稞产业发展，保障藏区粮食安全，助力乡村振兴，提高藏族同胞生活质量具有重要意义。《小麦粉》标准的修订对于推动企业适度加工，引导消费者健康消费，规范和引导小麦粉生产具有重要的导向作用。修订后的《挂面》标准对适用范围和相关定义作了进一步明确，有利于进一步规范挂面市场和挂面生产企业行为，维护消费者合法权益。三是梳理粮食领域节粮减损相关国家标准和国家标准计划。围绕是否符合节粮减损要求，组织全国粮油标准化技术委员会4个分技术委员会对现行节粮减损相关国家标准和国家标准计划进行梳理。经梳理，建议修订的国家标准13项，建议继续执行的国家标准计划22项。

（三）深化粮食标准化工作改革

一是开展粮油产品企业标准“领跑者”活动。为进一步提升粮油产品质量和品牌美誉度，满足消费者对优质粮油的需求，继续组织开展了粮油产品企业标准“领跑者”活动。在企业标准自我声明公开的基础上，经评估机构严格评审、检测机构复核、网站公示等程序，确定中粮福临门食品营销有限公司等32家企业61项企业标准为2021年粮油产品企业标准“领跑者”，并在2021年世界粮食日和全国粮食安全宣传周主会场活动上正式发布。二是开展绿色储粮标准化试点工作。为助力科学储粮、优粮优储和“粮食绿色仓储提升行动”实施，进一步提高收储环节粮食品质保障能力，减少粮食损耗，开展了绿色储粮标准化试点工作。经各省(区、市）粮食和储备局(粮食局)、中储粮集团公司推荐，专家评审、网站公示等程序，确定中央储备粮秦皇岛直属库有限公司、北京市京粮潞河粮食收储有限公司大杜社粮库等 59 家粮食储备企业为绿色储粮标准化试点单位，北京市粮食和物资储备局等 28 家单位为指导单位。三是开展粮食领域团体标准培优计划活动。为充分发挥团体标准灵活高效优势，带动粮食团体标准做优做强，更好服务于粮食产业高质量发展，开展粮食领域团体标准培优计划活动。经社会团体自愿申报、省级粮食和储备部门推荐、形式审查和专家评审等程序，确定“中国粮油学会”等 10 家社会团体和《山西小米》等 24 项团体标准为 2021 年培优计划对象。

（四）加强粮食标准化宣传工作

一是举办粮食和物资储备标准化管理培训班。举办 2021 年度粮食和物资储备标准化管理线上和现场相结合的培训班，进一步加强粮食和物资储备标准化工作，提升粮食和储备系统标准化管理人员素质、能力和水平。重点学习领会习近平总书记关于标准质量工作的重要指示批示精神；邀请中国标准化研究院资深专家深入解读新发布的《国家标准化发展纲要》；培训《粮食流通管理条例》等法律法规中标准和质量安全相关政策，以及目前粮食和物资储备标准化工作概况。各省粮食和储备局相关处室、质检机构，各垂直管理局相关处室，国家粮食和物资储备局相关司局单位近 300 人参加了培训。二是做好新发布重点标准宣贯解读工作。举办《青稞》国家标准宣贯培训会，推动新发布标准顺利实施，针对《青稞》标准的修订背景、技术内容、实施要求等方面进行详细解读；制作《小麦粉》标准“一图读懂”和解读视频，在国家标准化管理委员会官方网站以及“中国粮食标准质量”等微信公众号上发布；发布新修订《挂面》标准解读材料，对标准主要修订内容、修订背景、适用范围，以及挂面生产企业如何选择适用标准等方面内容进行说明；通过中国标准化杂志社《标准生活》期刊向社会公众解读《方便面》国家标准的主要内容、实施建议、实施意义等。

（五）开展粮食标准国际化工作

一是持续推进谷物与豆类国际标准制修订。认真履行国际标准化组织谷物与豆类分委员会（ISO/TC34/SC4）秘书处职责，发布《稻米　规格》《小麦　规格》等 5 项国际标准，组织 19 项标准制定投票，促进粮食公平贸易、提高粮食质量安全水平。首次以网络会议方式组织召开分委员会第 41 次会议，来自 14 个国家成员体的 55 位代表参会，参会国家和代表数量为历届之最，美国首次派员参加，分委员会影响力不断扩大。二是为粮食国际标准体系贡献中国方案。积极推进我国特色粮油产品、粮食储存、检测新方法等技术纳入国际标准体系。成功推动我国提出的《油茶籽油》标准提案通过国际食品法典油脂委员会第 27 届会议审议，是我国在法典标准体系提出的第一项粮油商品标准，标志着中国特色粮油产品标准开启国际化进程，有利于促进油茶籽油贸易，带动农民增收。国际标准化组织（ISO）发布由我国牵头制定的《谷物中镉含量的测定》国际标准；持续推进我国牵头制修订的《谷物储存技术指南》《谷物词汇》等4项国际标准项目；组织专家开展谷物和豆类隐蔽性昆虫感染测定系列国际标准修订研究。参加国际标准化组织动植物油脂分委员会（ISO/TC34/SC11）第29次会议，介绍我国牵头的《植物油中黄曲霉毒素测定》国际标准项目进展。参加国际标准化组织油料和饼粕分委员会（ISO/TC34/SC2）第38次会议，介绍了《油料中杂质含量的测定》标准修订建议。三是推动粮油内外贸质量标准协调衔接。发布《玉米》国家标准外文版，是粮食行业正式发布的第一项国家标准外文版和中国标准"走出去"的典型案例。国家标准委下达《富硒稻谷》等9项粮食标准外文版和《动植物油脂紫外吸光度的测定》等3项采用国际标准项目计划，推动标准等制度型开放，助力粮食领域进出口产品质量提升。四是强化机构支撑和人才队伍建设。启动首批粮油国际标准研究中心申报，从15家申报单位中初步遴选出6家综合实力较强的机构，作为下步重点培养对象，推动更多中国粮食标准转化为国际标准。发现和培养国际标准化人才，推荐8名粮食行业专家入选中国食品法典委员会专家咨询委员会。

撰稿单位：国家粮食和物资储备局标准质量中心

撰稿人：徐广超、张艳、袁强、魏铭、祁潇哲、窦幽璇

审稿人：王耀鹏、齐朝富、孙长坡、李玥

五 团体标准

根据《国家粮食和物资储备局关于推进粮食产后节粮减损工作的实施意见》相关要求，中国粮油学会围绕绿色低温储粮、适度加工技术、综合利用及农户科学储粮等组织开展团体标准征集、立项评审和报批审定，共征集项目116项，正式立项58项。发布了12项关于适度加工、绿色储藏、综合利用等节粮减损方面的团体标准，其中《花生油质量安全生产技术规范》等2项团体标准成功入选粮食领域团体标准培优计划。在湖北当阳首次举办团体标准编制规范培训班，举办《高油酸菜籽油》《芝麻油感官评价》两项团体标准的宣贯活动暨产业发展论坛，多家粮油企业参与活动，为引领企业采用团标提供助力。在国家粮食和物资储备局开展的粮油产品企业标准"领跑者"活动中，中国粮油学会作为"菜籽油、葵花籽油、芝麻油"三类食用

植物油企业标准领跑者的第三方评估机构，组织专家开展企业标准水平评估，共 5 家企业的 9 项标准入选 2021 年粮油产品企业标准“领跑者”名单。

撰稿单位：中国粮油学会

撰稿人：王莉蓉、魏然、左巍

审稿人：王莉蓉

第六部分

粮食流通体系建设

一 粮食仓储物流体系

2021年，国家有关部门按照“十四五”规划和2035年远景目标纲要、《乡村振兴战略规划（2018—2022年）》等安排部署，加强粮食储备、流通能力建设，完善粮食仓储物流设施建设。根据国家粮食安全和乡村振兴等重大战略实施和重要农产品市场调控需要，国家发展和改革委员会与国家粮食和物资储备局联合印发《粮食等重要农产品仓储设施建设中央预算内投资专项管理办法》，进一步规范粮食等重要农产品仓储设施专项（以下简称“粮食专项”）管理，提高中央预算内投资使用效率。全年安排粮食专项中央预算内投资50亿元，共支持93个粮食仓储物流设施项目，项目建成后预计增加仓容近900万吨。依托“四横、八纵”粮食物流重点通道，对接国家综合交通运输骨干网络及枢纽，科学布局一批具有综合支撑能力的粮食关键节点和物流枢纽，形成节点支撑、枢纽引领、通道顺畅的粮食物流骨干网络。大力推进高标准粮仓建设，组织编制《高标准粮仓建设技术要点（试行）》，鼓励应用新技术新材料新工艺，综合提升粮食仓房防水、保温隔热、气密性能和设施及装备智能化、信息化水平，提高收储环节粮食品质保障能力。

撰稿单位：国家粮食和物资储备局规划建设司

撰稿人：展圣洁

审稿人：钱毅、张保国、晁铭波

二 粮食应急保障体系

（一）粮食应急保障制度建设进一步完善

一是加强粮食应急保障顶层设计。国家粮食和物资储备局联合国家发展和改革委员会、财政部印发意见，确定“到2025年基本建成与高质量发展要求相适应的粮食供应保障体系”的总体目标，部署若干重大举措和重点任务。印发《粮食应急保障企业管理办法》，明确粮食应急保障企业条件和标准，规范选定程序，强化管理和监督，督促其落实应急保供义务。二是粮食应急预案体系进一步健全。持续推动《国家粮食应急预案》修订工作。省级粮食应急预案方面，各省（区、市）均有省级粮食应急预案，2021 年内蒙古、广东、贵州、甘肃、青海、新疆六省区结合实际修订印发了省级粮食应急预案，福建、湖北、安徽、四川、云南、西藏等省（区、市）开展了修订省级粮食应急预案工作；市县粮食应急预案方面，全国 333 个地级市和大多数县均有粮食应急预案，山西、安徽、江苏、吉林、广西等省区已实现省、市、县三级粮食应急预案全覆盖。三是积极开展粮食应急培训和应急演练。2021 年各地积极开展粮食应急培训和应急演练频次较往年明显增加。广东省制定了省市县三级联动应急演练方案，扎实开展协同演练，提高突发情况下粮食应急联动处置能力；广西壮族自治区精心筹办粮食应急工作培训班，开展专题辅导和讲解，就粮食应急工作原则、应急程序和应对方法进行重点培训；辽宁省沈阳市采用沙盘推演等新模式开展应急演练，充分利用信息化平台手段，提升演练效果。

（二）粮食应急保障企业队伍进一步优化

2021 年，建立了国家级粮食应急保障企业，进一步充实了省市县三级粮食应急保障企业数量，保障覆盖面进一步扩大。一是全国粮食应急保障企业数量明显增加。确定中粮集团等 68 家企业作为首批国家级粮食应急保障企业，国家有关部门通过签订协议、统一授牌、任务引领、重点扶持等方式，指导其承担粮食应急保障任务，有效发挥应急保障作用。各地按照“每个县（区、市）一般应具备至少 1 家粮食应急加工企业”“每个乡镇（街道）至少有 1 个应急供应网点、36 个大中城市每三万人 1 个粮食应急供应网点”的标准，积极充实省市县三级粮食应急加工企业和供应网点。截至 2021 年 12 月底，全国共有粮食应急加工企业 6000 家，较 2020 年 5448 家增加 552 家；粮食应急供应网点 52983 家，较 2020 年 43573 家增加 9410 家；粮食应急储运企业 4199 家，较 2020 年 3741 家增加 458 家；粮食应急配送企业 3047 家，较 2020 年 2777 家增加 270 家。二是粮食应急保障企业布局进一步完善。首批国家级粮食应急保障企业遍布全国 31 个省（区、市），有效保障各区域粮油应急供应需要；各地积极谋划粮食应急保障企业布局，2021 年粮食应急储运、加工、配送、供应企业布局较往年更加均衡，全国所有地级市均覆盖了四种类型的粮食应急保障企业，绝大多数县都具备了粮食应急供应网点，应急物流配送延伸到乡村（社区）。同时，各地积极谋划完善工作机制，督促重点地区增加粮食应急加工企业和供应网点，坚持问题导向，建立台账逐一整改，切实扩大粮食应急保障覆盖面。

（三）粮食应急保障能力进一步加强

一是粮食应急加工能力持续增强。截至 2021 年底，全国 6000 家粮食应急加工企业的粮油应急加工能力为 147 万吨，较 2020 年全国日加工能力 141 万吨有所提升。各省（区、市）积极推动提升粮食应急加工能力，辽宁省建立日加工能力3万吨的省级粮食应急加工企业队伍，有效满足应急保障需要；江西省统筹省内粮食加工布局和辐射带动效应，择优遴选22家重点粮油加工企业纳入省级粮食应急保障队伍；广东、内蒙古等省区要求每个地级以上市至少有1家稻谷（或小麦）日加工能力200吨（或300吨）以上的应急加工企业，切实保障应急加工能力。二是粮食应急供应能力明显提升。截至2021年底，全国52983个粮食供应网点日供应能力达到160万吨，较2020年全国日供应能力145万吨有明显提升。安徽省根据区域交通半径，明确提出粮油配送供应时间省辖市、市辖区、县辖区内分别不超过24小时、12小时和6小时的要求，确保关键时刻保障及时到位。三是粮食应急保障中心建设试点推进。北京市根据全市“南面北米”加工能力布局，推动顺义牛栏山粮食收储公司建设北京市应急保障中心，京东线上成品粮营销进驻综合保障中心，增强首都粮食加工应急保障能力；湖北省将粮食应急保障中心建设纳入省疫后重振补短板强功能“十大工程”，在2020年支持44个粮食应急保障中心建设基础上，2021年继续支持建设24个应急保障中心，省级财政两年累计投入超过2亿元；广东省持续推进粤港澳大湾区粮食应急保障中心建设，谋划“供应链+基地+企业联盟”新模式，以粮食应急保障中心建设为抓手，推动粮食应急加工与配送、供应等有效衔接。四是应急协同保障机制逐步健全。准确把握各级政府储备功能定位，强化政企协同运作和区域协同保障。北京市与周边七省市40家加工企业建立应急保供协作机制，夯实成品粮调运粮源基础；京津冀三省市联合签署粮食应急保障协议，构建联动保障机制；江苏、山东与中央储备粮分公司建立协作机制，统筹省内中央储备和地方储备布局，调整优化应急加工、储运和供应体系，确保需要时原粮快速加工、成品粮迅速投放；广东省健全央地协同保障机制，建立联合制定联席会议制度，与海南省建立粮食安全保障协同机制，加强省域间协同保障，携手保障粮食安全。

（四）粮食应急储备实力进一步夯实

一是原粮储备充足。近年来，利用我国粮食生产连年丰收的有利时机，不断充实粮油储备规模，调整优化区域布局和品种结构。中央储备规模稳中有增，结构和布局不断优化，守底线、稳预期能力不断增强；地方储备规模持续增加，口粮比例保持较高水平。二是成品粮储备水平不断提高。目前36个大中城市及市场易波动地区成品粮油库存保障能力都在15天以上，部分省市还结合应对疫情保供稳市的经验，要求辖区内地级市建立10至15天的成品粮储备，以保障关键时刻的应急需要。三是积极开展社会责任储备。各地扎实推动构建政府储备与企业储备功能互补、协同高效的新格局。上海市在农工商和联华两家商超试点开展1000吨规模社会责任储备；吉林省在全省54户大米联盟企业建立社会责任储备4.19万吨；广西壮族自治区与15家粮食加工企业签订建立3580吨社会责任储备大米的承诺书，推进形成政府储备与企业储备功能互补、协同高效的新格局。

撰稿单位：国家粮食和物资储备局应急物资储备司

撰稿人：陈林、石磊、李燕博、张晴伟

审稿人：王宏、杨青

三　深入推进优质粮食工程

2021 年，优质粮食工程进入首轮全面收尾总结、新一轮抓紧谋划推进的重要一年。6 月 18 日，财政部和国家粮食和物资储备局联合印发《关于深入推进优质粮食工程的意见》，明确“十四五”时期重点任务和政策措施，并提出地方要加强资金统筹，包括中央财政安排的产粮大县奖励资金、粮食风险基金等，积极支持优质粮食工程开展。同日，国务院新闻办公室召开深入推进优质粮食工程加快粮食产业高质量发展发布会，国家粮食和物资储备局介绍了有关情况。6 月 22 日，国家粮食和物资储备局在安徽省阜南县召开全国深入推进优质粮食工程、加快粮食产业高质量发展第二次现场经验交流会，打造“阜南样板”示范，交流成效做法。11 月 15 日，国家粮食和物资储备局印发优质粮食工程“六大提升行动”方案，细化具体内容和标准规范，指导各地深入推进优质粮食工程。

（一）大力实施粮食绿色仓储提升行动

粮食仓储管理工作突出“优储”导向，适应粮食储备安全升级和粮食产业高质量发展需要，以“绿色仓储”和“规范化”为重点，着力打造优质粮食工程升级版，推动粮食仓储管理转型发展。制定《粮食绿色仓储提升行动方案》，提出“十四五”期间，重点对条件较好的现有储备类仓房升级改造，同时结合仓储设施布局和结构优化，加强高标准粮仓建设，配备先进适用技术条件，完善绿色储粮功能；优化仓储作业流程，减少库区扬尘、噪音。到 2025 年，政府储备基本实现控温储藏保质保鲜、药剂使用减量增效、仓储作业环境友好。制作完成“绿色储粮重点技术三维演示片”，就低温储粮、气调储粮、内环流储粮、横向通风等技术，以三维动画方式进行还原，帮助各地及企业更好理解上述技术特点和应用场景。

（二）推进粮食产后服务体系建设

粮食产后服务体系建设进入收尾阶段，截至 2021 年底，中央财政支持的 26 个省（区、市）及新疆生产建设兵团已建成 5500 多个粮食产后服务中心。上海、海南等地通过政府补贴资金，积极构建粮食产后服务体系，满足当地农民粮食产后实际需求。江苏、甘肃等地创新管理模式，将未得到中央财政支持但具备粮食产后服务中心功能的其他网点，纳入了本地区粮食产后服务体系管理。粮食产后服务中心已覆盖全国 1000 多个产粮大县，基本实现全国产粮大县全覆盖。

已建成的粮食产后服务中心积极为种粮农民提供清理、干燥、收储、加工、销售等服务，新增粮食清理能力约 40 万吨 / 小时、粮食干燥能力 111 万吨 / 天，涌现出四川省宜宾市、安徽省定远县、江苏省溧阳市等典型，形成了各具特色、示范引领的典型经验。

为指导各地加强粮食产后服务中心管理，不断提升服务运营水平，在减少粮食损失浪费、促进粮食提档升级、助农丰产增收等方面发挥更大作用，2021年12月，印发《粮食产后服务中心运营指南》，提出4个方面29项措施。一是夯实基础服务主业。优化清理干燥、应急保粮、储粮保管、加工转化、市场销售等基本服务，不断提高设施设备利用率、服务质量和效率，提升农民满意度。二是拓宽增值服务业务。着力补齐“产购储加销”链条短板，提供交售运输、种植服务、信息服务、粮食兑换、公益服务、技术服务等增值服务，推动产业链升级和各环节增效。三是探索创新运营模式。鼓励开展合作运营、业务委托、产销衔接、委托运营、共享服务等新型运营模式，用好用活各类社会资源，提高经营服务市场化水平。四是加强制度规范约束。加强行业自律，规范服务经营，强化资产管理，确保符合环保要求。各地粮食和储备行政管理部门强化组织领导和统筹协调，做好政策服务保障、宣传引导等，持续巩固放大粮食产后服务中心在节粮减损、助农增收等方面成效。

（三）深入推进粮食质量安全检验监测体系建设

项目总投资逾60亿元，30个省份（天津未申报项目）和新疆生产建设兵团新建和改造提升粮食质量安全检验机构和粮食企业检化验室1500余个，项目建设单位硬件条件得到进一步改善，检验监测能力大幅提升。据统计，各项目建设单位累计增加检验参数2.9万个，月均检验样品数量增加2.6万个，实验室用房建筑面积增加22.4万平方米，配置仪器设备3.5万台套。多数项目建设单位在检验场地、仪器设备、配套设施等方面实现全面改造升级，基本满足了当地粮食质量安全检验监测需要。项目建设单位不断完善运行机制，积极拓展服务范围，在服务农户、粮食企业、粮油消费者等方面发挥了重要作用。2021年累计检验粮食样品80万份，对守住管好“天下粮仓”的质量安全发挥了重要技术支撑作用。涌现出一批以广西区站为代表“提升综合实力，服务‘五优联动’”，以安徽泗县站为代表“充当‘粮食法官’，服务种粮农民”等形式多样、各具特色的典型单位，为粮食质量安全检验机构完善运行机制、发挥技术服务作用提供了可复制、可推广的多种模式。积极推进质量追溯提升行动，印发《粮食质量追溯提升行动方案》，明确建立粮食质量安全监测平台、粮油标准体系、粮食质量安全检验监测体系和“好粮油”产品追溯技术规范、追溯标签标识制度和追溯管理办法“一平台两体系三制度”等建设内容。

（四）深入实施“中国好粮油”行动计划

“中国好粮油”行动统筹推进优质粮食订单种植、优质粮源基地建设、“好粮油”产品研发、加工技术升级和健康消费宣传等系列措施，提高优质粮食产量，提升粮油品质，全国累计增加优质粮食超过5000万吨，促进农民增收200余亿元。中国粮油学会会同中国粮油学会粮油质检研究分会、国家粮食和物资储备局科学研究院，联合各省（区、市）、新疆生产建设兵团“好粮油”遴选实施主体，共遴选出2021年度“中国好粮油”产品220个，“中国好粮油”产品总计453个。为维护“中国好粮油”商誉，国家粮食和物资储备局科学研究院成功向国家知识产权局商标局注册图形证明商标，引导企业规范“中国好粮油”产品生产，加强产品品质保证，持续增加优质粮油市场供给。“中国好粮油”行动取得阶段性成效。

1. 专注“从田间到餐桌”的品质控制与提升，健全产业链

一是“种出好粮食”，推广优良品种，发展订单农业，实行连片种植和规模化经营。吉林省优良品种覆盖率达到80%以上，中高端大米产量增长120%。安徽省优质专用小麦、水稻种植面积均超过2000万亩，占比达到60%以上。二是“收购好粮食”，为种粮农民与加工企业搭建桥梁，促进“优质优价”，提升种粮农民收益。河北省武邑县发展优质小麦和专用玉米，促农增收超过3000万元，增幅达15%。三是“储藏好粮食”，推广应用绿色储粮技术，实行分仓分级储存，保证储藏阶段品质稳定。江苏省建设气调储粮仓容247万吨，低温准低温仓容1914万吨，占完好仓容的48.5%。四是“加工好粮食”，实行适度加工，最大化保留营养物质，提高粮油品质，增加优质粮食供给，助力节粮减损。湖南省加工企业实现技术升级，特别是“智控砻谷”“低温碾米”“少抛多刷”等先进工艺和先进技术的应用，不仅提高了整精米率，而且减少了营养成分流失。五是“销售好粮食”，培育消费者喜爱的优质粮油品牌，丰富销售渠道，提升品牌影响。湖北省打造“荆楚大地”公共品牌，每年组织2—3次省际产销合作活动，连续21年举办湖北粮油精品展，主动对接“一带一路”建设，连续2年走出国门合作洽谈，助力湖北粮油企业抱团闯市场。

2. 聚焦粮食物流和销售体系构建，稳固供应链

一是打造高效的物流体系，降成本、畅流通、提效率。山东省建设国家级粮食产业融合循环经济示范区物流保障体系，现代粮食产业体系更加健全。二是完善线下销售网络，建成大批“好粮油”便利店、形象店、体验店和直营店。吉林省推出产区到社区直通车、“吉田认购”，探索“公共仓+区域品牌+运营商”营销模式，着力打通“最后一公里”。三是构建线上销售平台，融入销售新业态。国家粮食和物资储备局粮食交易协调中心建设“中国好粮油”电子交易平台，打造专业、完整的国内优质粮油供应链；山东省建设智慧交易平台“好粮有网”，助力传统粮油企业数字化转型；各地优质粮油产品积极入驻天猫、京东等平台，线上线下营销模式已初具规模。

3. 强化研发和营销的价值增长点，提升价值链

一方面注重科技创新，做强研发的价值增长点。建设创新平台，加大投入力度，研发粮食新产品、新工艺，循环高效，增加产业

附加值；强化标准引领，发布“中国好粮油”系列标准12项，地方“好粮油”标准100余项；注重知识产权保护，江苏、安徽、重庆等先后注册区域粮食产品商标，培育一批具有自主知识产权的知名品牌。另一方面，加强宣传推介，做强营销的价值增长点。各地深入挖掘品牌文化，讲好品牌故事，联合优质媒体资源，多次在人民网、央视网、央广中国之声、学习强国等主流媒体亮相发声。山西、吉林、湖北、山东、四川、安徽等地通过出版文学作品，拍摄纪录片、专题宣传片和科普动画短片，推出“山西小米”“吉林大米”“水韵苏米”“齐鲁粮油”“天府菜油”等20余个具有较高美誉度的区域公共品牌和百余个地理标志产品。内蒙古持续有效开展“内蒙古好粮油”品牌创建、标准制定和追溯系统建设，“齐鲁粮油”品牌价值高达681亿元，“五常大米”品牌价值突破700亿元，粮食品牌价值显著提升。

撰稿单位：国家粮食和物资储备局规划建设司、安全仓储与科技司、标准质量中心、科学研究院

撰稿人：展圣洁、施季辉、夏丹萍、李鹏飞、黄雨、张庆娥、尹诗文、窦幽璇、周明慧、欧阳姝虹、刘洁

审稿人：钱毅、周冠华、王耀鹏、张永奕、张保国、晁铭波、张成志、齐朝富、彭扬、姚磊

专栏 10 深入推进优质粮食工程加快粮食产业高质量发展第二次现场经验交流会

2021 年 6 月 22 日，国家粮食和物资储备局在安徽省阜南县召开全国深入推进优质粮食工程加快粮食产业高质量发展第二次现场经验交流会。安徽省委常委、常务副省长、省政协副主席邓向阳出席会议并致辞；国家粮食和物资储备局党组成员、副局长梁彦主持会议，总工程师翟江临出席会议。财政部、国家乡村振兴局、全国供销合作总社有关同志参加会议。

会议指出，党中央、国务院高度重视优质粮食工程，习近平总书记明确作出“深入推进优质粮食工程”“延伸粮食产业链、提升价值链、打造供应链”“做好粮食市场和流通的文章”等重要指示，为我们指明了正确方向、提供了根本遵循。在各级有关部门单位大力支持下，国家粮食和物资储备局定点帮扶的安徽省阜南县探索出了深入实施优质粮食工程、加快粮食产业高质量发展，助力脱贫攻坚、推进乡村振兴的路径。各级粮食和物资储备部门要心系“国之大者”，立足生动实践，大力推广“阜南样板”经验。要充分认识到，实施优质粮食工程，巩固拓展脱贫攻坚成果同乡村振兴有效衔接，前景广阔且大有可为；大力推动产业链、价值链、供应链“三链协同”，促进产业融合发展，在更高层次上保障国家粮食安全，让“中国粮食、中国饭碗”成色更足，意义现实且特别重大；深入实施优粮优产、优购、优储、优加、优销“五优联动”，构建现代化粮食产业体系，加快粮食产业高质量发展，路径清晰且成效彰显。

会议强调，“十四五”时期，要坚持“粮头食尾、农头工尾”，持续抓好“三链协同”和“五优联动”，深入开展粮食绿色仓储提升行动、粮食品种品质品牌提升行动、粮食质量追溯提升行动、粮食机械装备提升行动、粮食应急保障能力提升行动、粮食节约减损健康消费提升行动，打造优质粮食工程升级版，建成粮食安全工程、高质量发展工程、乡村产业振兴工程。要更加注重系统谋划和整体推进。健全完善省负总责、市县组织、企业实施的长效机制，由各省（区、市）制定实施方案，因地制宜选准路子，以市县或产业链产业带为单位，进行整体谋划和推进，实现全链条整体联动、各环节衔接顺畅、全过程优质保障。要更加注重突出重点和打造亮点。将“六大提升行动”作为“十四五”深入推进优质粮食工程的重点，结合本地实际，选准突破口和着力点，高点定位、品牌引领，持续加力、放大效应，精准施策、分项突破。要更加注重优质高效和促农增收。坚持优粮优价、优质优价导向，构建更加紧密的利益联结机制，让农民分享粮食产业链升级成果。要更加注重有效市场和有为政府结合。积极用好国内超大规模市场，充分发挥龙头企业骨干带头作用；并严格执行《粮食流通管理条例》，扎实开展全国粮食流通“亮剑 2021”专项执法行动，维护粮食生产者、经营者和消费者的合法权益。

会议要求，将优质粮食工程作为党史学习教育“我为群众办实事”的重要实践载体，扛稳责任，真抓实干，务求兴粮之策、惠农之道、利民之举落地落实。要加大推动力度，用足用好政策。认真落实《财政部 国家粮食和物资储备局关于深入推进优质粮食工程的意见》，加强资金统筹，有效带动社会资本加大投入，营造共同参与深入推进优质粮食工程的良好氛围。要发扬务实作风，注重好事办好、实事办实，做到全流程管控，努力建成质量一流、群众满意的精品工程。

会议期间，与会代表现场观摩了安徽省阜南县优质粮食工程建设现场；安徽、黑龙江、浙江、山东、湖北、四川省粮食和物资储备局（粮食局），安徽省阜南县、山东省滕州市、四川省宜宾市南溪区人民政府，北大荒农垦集团、江苏省农垦米业集团公司，重庆市粮油质量监督检验站等 12 家单位，作优质粮食工程典型交流发言；宁夏回族自治区粮食和物资储备局、江西省于都县、河北省武邑县、中化现代农业有限公司等 4 家单位，作粮食产业助力脱贫攻坚同乡村振兴有效衔接典型交流发言。

各省、自治区、直辖市及新疆生产建设兵团粮食和物资储备局（粮食局）相关负责同志，中央企业负责同志，省级示范企业负责人和媒体代表，国家粮食和物资储备局有关司局、直属联系单位主要负责同志参加会议。

撰稿单位：国家粮食和物资储备局规划建设司

撰稿人：展圣洁

审稿人：钱毅、张保国、晁铭波

第七部分

粮食流通体制改革

一 粮食流通体制改革概述

深化粮食收储制度改革。坚持市场化政策取向与保护农民利益并重，分品种施策、渐进式推进，坚持并完善稻谷、小麦最低收购价政策，完善玉米、大豆生产者补贴政策，进一步健全粮食价格市场形成机制。完善种粮农民补贴制度，优化农业补贴结构，稳定种粮收入预期，保护和调动农民种粮积极性。充分发挥市场主体粮食收储能力，积极培育多元化市场主体入市收购，深化产销合作、推广订单收购、强化信息宣传，防止出现农民"卖粮难"。完善产粮大县补偿政策，增加对产粮大县的转移支付，强化主销区对主产区的利益补偿，调动地方重农抓粮积极性。

改革完善粮食储备安全管理体制机制。建立政府粮食储备规模动态调整机制，推动落实调节储备制度，调整优化政府储备规模、品种结构和区域布局，确保关键时刻拿得出、调得快、用得上。改革完善粮食储备管理体制，促进政府储备、企业储备和居民储粮等多元发展，推动形成功能互补、协同高效的多元承储体系，增强全社会抵御粮食安全风险能力。健全储备运行机制，强化中央储备和地方储备协同运作，促进两级储备在库存品种结构、吞吐轮换机制等方面的协同互补，有效发挥中央储备粮"压舱石"和地方储备粮"第一道防线"的重要作用。强化储备内控管理和外部监督，确保储备数量真实、质量良好，急需时调得动、用得上，发挥重要的调控作用。

深化粮食流通监管改革。坚持和加强党的全面领导，实行粮食安全党政同责，强化落实粮食安全责任制考核，压紧压实保障粮食安全政治责任，增强各级党委和政府重农抓粮的思想行动自觉。扎实开展粮食购销领域专项整治、"亮剑 2021"专项执法行动，持续抓好发现问题整改，全面加强中央储备库存监管。深入推进信息化监管，出台信用监管办法，完善 12325 热线运行机制。

健全粮食法治体系建设。积极推动粮食安全保障立法修规，从加强国家安全法治保障出发，在立法宗旨上向保障国家粮食安全聚焦，围绕粮食数量、质量、产业安全的核心目标，重点确定粮食生产、储备、流通能力保障制度，健全粮食产业安全保障、粮食应急保障、粮食质量安全保障等方面规范。加快推动《粮食安全保障法》《粮食储备安全管理条例》立法相关工作，做好新修订的《粮食流通管理条例》宣传工作，更好发挥法治固根本、稳预期、利长远的保障作用，把国家粮食安全问题全面纳入法治轨道。

撰稿单位：国家粮食和物资储备局法规体改司

撰稿人：张亚奇、王镭、彭双五

审核人：周海佳

二　粮食安全责任制考核

2021年，国家粮食安全考核工作组各成员单位切实加强组织领导，密切沟通配合，圆满完成2020年度考核工作。各省（区、市）按照国家考核工作组的部署要求，扎实开展工作，取得积极成效。

（一）重视程度越来越高

习近平总书记作出粮食安全要实行党政同责重要指示后，各省（区、市）高度重视粮食安全责任制考核工作。各省（区、市）党委和政府主要领导同志、分管负责同志投入更多精力，实地调研和专题研究粮食安全工作；省级党委常委会会议、政府常务会议涉及粮食安全的议题明显增多。大多数省份将粮食安全责任落实情况纳入高质量发展综合绩效评价、目标管理绩效考核或重点督查事项。福建等省出台进一步强化落实粮食安全责任制的文件，推动责任落细落实；吉林、云南等省强化粮食安全责任制落实情况在综合考评中的分值权重；上海市将承担政策性粮食业务的市属国企纳入考核。

（二）成效显著亮点突出

在粮食生产方面，黑龙江省粮食总产量1508.2亿斤，稳居全国首位；河南、山东、山西、河北、新疆5省（区）粮食产量均增加10亿斤以上。贵州省构建“数量、质量、生态”三位一体的耕地保护监督新格局；海南省组织开展耕地“非农化”排查清理行动；辽宁等省超额完成高标准农田建设任务；重庆市加快推进农田宜机化改造；湖南省实现国标一等杂交稻品种零突破；江苏省大力提升种业建设和种业市场监管能力；广西壮族自治区举办首届中国（广西）—东盟现代种业发展大会。

在粮食储备方面，各省（区、市）先后出台储备改革实施意见，加强地方粮食储备安全管理和吞吐调节，地方储备较好发挥了守底线、稳预期、保安全的关键作用。安徽省提高省级储备优质品种比例，探索“优粮优储”轮换试点；广东等省在落实地方储备总量计划基础上，进一步调整优化储备规模和布局，增强区域保障能力；宁夏回族自治区重点建设原粮生产基地，提高自产粮食储备占比。

在粮食流通方面，各地推动有效市场和有为政府更好结合，加强宏观调控，强化执法督查和进口粮食安全监管，积极引导多元主体入市收购，没有发生大面积“卖粮难”和粮食抢购现象。产销协作持续深化，国内循环更加通畅高效。江西等省建立粮食收购贷款信用保证基金；天津市在财力紧张的情况下，优先安排市级粮食风险基金5.7亿元；甘肃省进一步规范惠农财政补贴政策；西藏自治区向农户发放储粮仓，强化节粮减损储粮设施应用。

在粮食应急保障方面，各地按照平时应急、战时应战要求，优化粮食应急加工能力布局，强化应急体系管理，在应对疫情大战大考中，组织粮食应急加工企业复工复产，确保粮食持续稳定供应，有力保障军需民食。湖北省将省市县三级粮食应急储备保障中心建设项目，纳入中央支持湖北一揽子政策重点任务清单和补短板“十大工程”；北京等地紧急增储成品粮临时储备应对疫情保供应。

在粮食产业高质量发展方面，2020年，全国优质专用小麦、优质稻面积占比分别达到35.8%、80%。全国纳入粮食产业经济统计范围的企业共2.3万家，实现工业总产值3.2万亿元，涌现出水韵苏米、齐鲁粮油等一批区域公共品牌。浙江省创新推广从仓储环节入手、向头尾两端发力的“湖州模式”；安徽省深入推进优质粮食工程，打造了“阜南样板”；青海省积极推进青稞高原生物产业高质量发展；内蒙古自治区推进粮油类地理标志商标品牌创建；陕西省挖掘“丰图义仓”历史文化，建设国家级粮食安全宣传教育基地。

撰稿单位：国家粮食和物资储备局执法督查局

撰稿人：游泳、张军杰、闫飞

审稿人：钟海涛、唐茂

三 粮食收储制度改革

国家有关部门认真落实党中央、国务院有关决策部署，坚持市场化改革取向和保护农民利益并重，深入推进粮食收储制度改革。经国务院批准，国家有关部门适度提高最低收购价格水平，2021年早籼稻、中晚籼稻、粳稻最低收购价分别为1.22元/斤、1.28元/斤、1.30元/斤，其中，早籼稻、中晚籼稻较上年分别提高0.01元/斤，粳稻保持水平不变；2022年小麦最低收购价为1.15元/斤，比上年上涨0.02元/斤。

撰稿单位：国家粮食和物资储备局粮食储备司

撰稿人：董祥、王聪、孟凡播、毕一卓、毕毅琛

审稿人：秦玉云、唐成

四　国有粮食企业经营与管理

（一）基本情况

一是企业户数和从业人数减少，结构继续优化。2021 年末，纳入汇总范围的国有粮食企业 1.06 万户，从业人员 32.4 万人。随着国有粮食企业改革发展的深入推进，企业结构不断优化，改革发展质量效率不断提升。二是职工收入福利不断提高，切身利益得到保护，共享了企业改革发展成果。2021 年，国有粮食企业职工年人均工资收入 10.14 万元，绝大部分职工参加了基本养老保险、基本医疗保险等。

（二）资产情况

一是净资产增加，盈利水平提高，企业实力不断增强。截至 2021 年末，全国国有粮食企业净资产 3748.23 亿元，同比增长 6.26%。二是仓储物流设施等固定资产和土地资产“双增加”，保障国家粮食安全的能力持续增强。2021 年末固定资产净额和在建工程之和达到 3138.47 亿元，同比增加 243.84 亿元。固定资产中，2021 年末土地、房屋及构筑物等合计 2661.41 亿元，随着各地不断加大投资建设力度，持续推进优质粮食工程、粮食等重要农产品仓储设施中央预算内投资专项等重大建设项目，企业有效资产明显增加。

（三）经营情况

2021 年，全国国有粮食企业主营业务收入 11976.97 亿元，实现利润总额 182.38 亿元。分地区看，24 个省（区、市）实现统算盈利，其中广东、黑龙江、北京、江苏、浙江、安徽、重庆、陕西、天津、新疆、福建、上海等 12 省（区、市）盈利超亿元。

撰稿单位：国家粮食和物资储备局财务审计司

撰稿人：于嘉颖

审稿人：刘翔宜

专栏 11 “十四五”规划编制与实施

粮食安全是国之大者，是治国理政的头等大事。党的十八大以来，以习近平同志为核心的党中央高度重视粮食安全，习近平总书记多次作出重要指示批示，强调要抓好“粮头食尾”“农头工尾”，抓住粮食这个核心竞争力，延伸粮食产业链、提升价值链、打造供应链，深入推进优质粮食工程，做好粮食市场和流通的文章。《中华人民共和国国民经济和社会发展第十四个五年规划和 2035 年远景目标纲要》设置专节对粮食安全作出部署，明确了“十四五”时期保障粮食安全的重点任务。为贯彻落实党中央、国务院决策部署，全面提升国家粮食安全保障能力，牢牢把住粮食安全主动权，国家发展和改革委员会、国家粮食和物资储备局组织编制了“十四五”粮食产业高质量发展规划、粮食仓储物流设施布局和建设规划、粮食和物资储备信息化发展规划、粮食和物资储备科技和人才发展规划等。

（一）编制主要思路

深入贯彻落实习近平总书记重要指示批示精神，认真对标党的十九届五中全会和《中华人民共和国国民经济和社会发展第十四个五年规划和 2035 年远景目标纲要》关于粮食安全的要求，做好与国家粮食安全中长期规划纲要等上位规划的衔接，立足新发展阶段、贯彻新发展理念、构建新发展格局，以高质量发展为主题，全面落实国家粮食安全战略和乡村振兴战略，深入实施藏粮于地、藏粮于技战略，实行粮食安全党政同责，强化粮食产购储加销全链条协同保障，加快构建更高层次、更高质量、更有效率、更可持续的国家粮食安全保障体系，实现粮食供给质量和水平显著提升，更好满足人民日益增长的美好生活需要，坚定走好中国特色粮食安全和粮食产业高质量发展之路。

一是坚持统筹发展和安全。牢固树立底线思维，增强风险意识，加快粮食产业高质量发展，着力补短板、强弱项、促升级，完善粮食产购储加销体系，强化全链条协同保障，培育全链条经营模式，实施全链条节粮减损，全面提升粮食有效供给、收储调控、现代物流、产业竞争、科技创新、安全治理“六大能力”，着力增强产业链供应链韧性，在更高水平上实现粮食供需动态平衡，更好保障国家粮食安全。

二是坚持粮食全产业链发展。推动粮食在稳产增产的基础上向增产提质导向转变，大力推进延伸粮食产业链、提升价值链、打造供应链“三链协同”，深入实施优粮优产、优购、优储、优加、优销“五优联动”，增强产业链整体性、系统性和协调性，加强全产业链节粮减损，加快构建现代化粮食产业体系，实现产业链各环节优化升级、有机衔接、提质增效，提高粮食产业质量效益竞争力和安全保障能力。

三是坚持一二三产业融合发展。树立“大粮食”“大产业”“大市场”“大流通”理念，分品种优化完善粮食产业加工结构和布局，壮大龙头骨干企业，构建紧密稳定的利益联结机制，培育产业联合体，强化典型引领和带动作用，有序引导产业集聚集约发展，促进农村一二三产业深度融合，实现粮食产业创新发展、转型升级、提质增效，以粮食产业高质量发展助力乡村振兴产业发展。

（二）重点任务举措

1. 加快粮食产业高质量发展，更高水平保障国家粮食安全

着力提高粮食供给保障能力，把中国人的饭碗牢牢端在自己手中，中国饭碗主要装中国粮，更好满足人民群众吃得好、吃得营养健康的需要。一是深入实施优质粮食工程。把优质粮食工程作为加快粮食产业高质量发展的主要抓手和重要载体，在巩固拓展优质粮食工程成果的基础上，统筹开展粮食绿色仓储、品种品质品牌、质量追溯、机械装备、应急保障能力、节约减损健康消费“六大提升行动”。二是提升粮食收储调控能力。深化粮食收储制度改革，统筹抓好政策性收购和市场化收购，加快培育多元市场购销主体，引导建立优粮优价市场运行机制。健全政府储备体系，改革完善中央储备管理体制，加强地方储备管理，建立合理企业储备，提高粮食储备调控能力。完善粮食监测预警体系，加强精准调控和预期管理。三是提升粮食产业核心竞争力。完善粮食加工结构和布局，鼓励粮食适度加工，发展全谷物食品，推动主食产业化，“十四五”末，粮食产业工业总产值由 3.18 万亿元增长到 3.6 万亿元。培育壮大龙头骨干企业，以粮食加工转化为引擎，引导粮食产业集聚集约，提升粮机装备水平，推动粮食加工规模化、专业化、精细化。四是促进粮食产业融合发展。依托优势特色资源，加快推动粮食产业发展多类型融合业态，大力发展粮食循环经济，创新产业发展业态，发展一批粮食产业带动乡村振兴的典型。

2. 完善粮食仓储物流设施，提高粮食运输保障效能

着力提升粮食仓储物流系统化、专业化、绿色化、智能化水平，基本建成布局完善、衔接顺畅、中转高效、保障有力的粮食仓储物流体系。一是加强粮食仓储设施建设。升级改造和新建扩建粮食仓储设施，大力推进高标准粮仓建设，提升仓储现代化水平，引导粮食加工、物流、贸易企业建设成品粮仓储设施，加快完善粮食仓储设施布局和结构。二是优化粮食物流枢纽布局。打造“四横、八纵”粮食物流通道，补齐区域和通道物流设施短板，科学布局和建设一批粮食物流关键节点和核心枢纽，形成节点支撑、枢纽引领、通道顺畅的全国粮食物流骨干网络。三是提升服务保障能力。按照布局合理、产业协同、资源集约、绿色低碳等原则，着力发展集仓储、配送、加工、贸易、质检、金融、信息服务等为一体的粮食物流（产业）园区，重点提升粮食仓储物

流集装单元化、集散分拨、公铁水联运等功能，促进供应链上下游高效衔接，推动供需精准适配。四是创新粮食物流服务模式。大力发展多式联运，促进仓储设施、运输工具、集装设备高效匹配和共享共用，鼓励具备条件的关键节点之间开行点对点散粮直达班列，提高运行效率和一体化组织水平。

3. 加快数字化转型，提升粮食和物资储备管理效率效能

着力整合资源、打通数据、贯通应用，建设国家粮食和物资储备安全数据中心和应急指挥调度、安全风险监测预警、储备动态监管、质量安全追溯、粮食企业监管服务、粮食产业创新服务平台，形成与“大粮食、大储备、大融合”发展相适应的“一网通、一张图、一张表”信息化新格局。一是健全信息化基础设施体系。实施网络改造升级，构建以国家级平台为枢纽，各省级及央企平台为节点，覆盖各类储备的统一网络体系。健全网络安全管理制度和应急处置预案，完善网信安全防护体系。建设信息化标准体系和运维体系。二是加强数据资源共建共享共用。建立粮食和物资储备数据资源目录，汇集粮食全链条、储备全品类数据资源，建设国家级和省级安全数据中心，提升大数据分析能力。三是增强应急指挥调度能力。开发集应急指挥、日常调度、预案管理、资源展示、现场连线、指令交互、调运跟踪、效果评估等功能于一体的综合应急指挥调度平台。建设安全风险监测预警系统，提升监测预警和精准调控能力。四是增强粮食信息化监管能力。建设数字化监管系统，提升动态监管能力。建设粮食质量安全追溯平台，实现粮食收购、储存、销售、出库等各环节质量追溯。建设粮食企业信用监管平台，加强企业信用行为管理。五是提升信息化公共服务水平。推动政府服务平台建设，推进国家局、垂管局网上办公系统全覆盖。建设粮食产业创新服务平台，整合粮食全产业链信息化资源，引导农户、龙头企业、产后服务中心等主体接入平台，提升便民服务水平。

4. 提升治理能力，助力粮食和物资储备高质量发展

深入实施科技和人才兴粮兴储，加强监管考核和法治保障，推动粮食和物资储备安全治理能力现代化。一是加强科技创新。完善粮食和物资储备科技创新体系，加强关键技术研发，推进技术创新、产品创新、装备创新和模式创新，加快科技成果转化。二是加强人才支撑。开展干部综合素质专业化能力提升、高水平人才选育、青年人才培优、高技能人才培增、高端智库建设等重点工程，建成一支素质强、结构优、数量足的专业化人才队伍，为粮食和物资储备治理能力提升提供智力支撑。三是加强监管考核。落实粮食安全党政同责，强化地方粮食和物资储备部门属地监管责任，加强垂管局在地监管，健全监管体系。开展中央储备粮管理和粮食政策执行情况以及其他储备物资的日常监管和年度考核。用好社会监管手段，发挥好 12325 全国粮食和物资储备监管热线作用，严厉打击各种违规行为。四是加强依法治理。坚持依法管粮管储，加快推动制定粮食安全保障法、粮食储备安全管理条例，实

施《粮食流通管理条例》，进一步健全粮食安全保障法律法规体系，完善配套规章制度。创新完善储备管理机制，建立高效规范的收储、轮换、动用、回补、监管制度，营造良好法治环境。

撰稿单位：国家粮食和物资储备局规划建设司

撰稿人：周世东

审稿人：钱毅、张保国、晁铭波

第八部分

棉花和食糖储备

一 棉花和食糖市场运行

（一）棉花市场运行情况

一是棉花产量略有下降。据国家统计局数据，2021年全国棉花播种面积4542.2万亩，比上年减少211.2万亩，同比下降4.4%。其中，新疆地区种植面积3759.1万亩，比上年增加6.2万亩，增长0.2%，占全国棉花种植面积的比重上升至83%；其他棉区受种植效益和种植结构调整等因素影响，棉花播种面积为783.1万亩，比上年减少217.4万亩，下降21.7%。全国棉花产量573.1万吨，比上年减少18万吨，下降3%。其中，新疆棉花产量512.9万吨，比上年减少3.2万吨，下降0.6%，占全国总产量的比重升至89.5%；其他地区棉花产量60.2万吨，比上年减少14.7万吨，下降19.6%。

二是棉花消费较好恢复。2021年，国内外经济逐步恢复带动棉制纺织品服装消费增长，加上东南亚地区疫情导致部分海外订单流向国内，我国棉花消费明显恢复，达到疫情前水平。据国家棉花市场监测系统数据，2020/2021年度（2020年9月—2021年8月）国内棉花消费量861万吨，较疫情前增加约20万吨，库存消费比下降至73%。2021/2022年度，受棉花棉纱价格高位运行、东南亚棉纺产业链陆续恢复等影响，预计国内棉花消费量740万吨，同比下降14%，库存消费比上升至87%。

三是棉花价格大幅上涨。2021年，受全球大宗商品价格普遍上涨、棉花需求逐步恢复等多重因素影响，棉花期现货价格涨至近十年来高位。前9个月国内棉价总体震荡上行，郑州商品交易所棉花期货主力合约从14000元/吨上涨至18000元/吨左右。9月下旬进入新棉采收期后，轧花厂抢购棉花、籽棉收购价攀升、投机资金炒作等推动期现货价格快速上涨，10月中旬一度冲高至23000元/吨。随着保供稳价措施持续发力，棉花价格回落趋稳，11月底受新冠病毒变异毒株影响，期货价格一度跌破20000元/吨。年末在国际棉价上涨带动下，国内棉价有所反弹，期货价格总体维持在21000元/吨—22000元/吨之间高位震荡，现货价格运行在22000元/吨—23000元/吨。

四是中央储备棉积极发挥保供稳市作用。2021年有关部门及时安排中央储备棉轮出和投放，把握销售节奏和规则，积极应对国内棉价持续快速上涨、新棉收购价高企加大市场风险等情况，保障棉花供应充足和市场平稳运行。7月至9月累计轮出中央储备棉63万吨，成交63万吨，成交率100%，成交均价17153元/吨，折标准级(3128B）价格18431元/吨。10月至11月分两批投放中央储备棉91万吨，实际成交57万吨，成交率63%，成交均价18930元/吨，折标准级（3128B）价格20565元/吨。

（二）食糖市场运行情况

一是糖料种植面积降、单产增，总产有所减少。根据国家统计局数据，2020/2021 年度（10 月 /9 月，以下简称本年度或本榨季）我国糖料种植面积 2353 万亩，同比减幅 2.6%；糖料作物生长期间气候条件总体较好，单产水平有所提高，其中甘蔗单产 5.3 吨 / 亩，甜菜单产 3.8 吨 / 亩，均同比增加 0.1 吨 / 亩。综合来看，本榨季全国糖料总产量 1.2 亿吨，同比减少 155 万吨，减幅 1.3%。

二是食糖产量、消费增加，进口创历史新高。2020/2021 榨季糖料产量略有下降，出糖率有所提高，糖产量比上年度增加。据中国糖业协会统计，本榨季我国生产食糖 1066.7 万吨，同比增加 25.2 万吨。2021 年国内新冠肺炎疫情形势总体可控，经济形势逐渐复苏，我国食糖消费需求回升。据国家粮油信息中心测算，2020/2021 年度国内食糖需求 1530 万吨，同比增加 60 万吨。国内食糖产量小于消费需求，产不足需的部分主要通过进口予以补充，本年度我国进口食糖 633 万吨，同比增加 257 万吨，增幅 68%，创历史新高。综合食糖产量、消费和进出口，2020/2021 年度我国食糖结余量 155 万吨，同比增加 223 万吨。

三是食糖市场价格上涨，国内外价差缩小。随着全球经济逐步复苏，国际原油价格持续走强，加之市场流动性充裕，2021 年国内外食糖价格整体走强。2021 年 1 月 4 日，广西南宁一级白砂糖报价 5240 元 / 吨，上半年末涨至 5600 元 / 吨左右，11 月中旬达到年内最高价格 6010 元 / 吨，比年初上涨 14.7%；11 月中旬以后随着国内糖厂集中开榨，加上进口食糖到港量处于高位水平，市场供应增加，12 月底糖价回落至 5660 元 / 吨左右。

撰稿单位：国家粮油信息中心

撰稿人：周惠、胡文忠

审稿人：王晓辉、刘冬竹

二　棉花和食糖储备管理

2021 年，国家粮食和物资储备局认真履行中央储备棉糖管理职责，着力推进建章立制，精心组织储备销售，各项工作进展顺利。

一是推进储备管理建章立制。研究制定《中央储备糖管理办法》，以国家发展和改革委员会、财政部 2021 年第 41 号令颁布，自 4 月 10 日起施行，对部门职责、计划管理、仓储管理、质量管理、监督检查等作出明确规定；着力规范中央储备棉轮换管理和操作运行，储备棉糖管理的制度化、规范化水平进一步提升。

二是精心组织储备棉销售。在持续强化储

备管理的同时，注重发挥储备吞吐调节作用。2021 年 7 月至 11 月底，公开挂牌销售部分中央储备棉，销售过程中加强协调指导，根据市场形势变化灵活施策，合理把握挂牌数量和节奏，适时调整交易规则，保障市场供应、稳定市场预期。5 个月共销售成交储备棉 120 万吨，有效满足了国内纺织企业用棉需要。

撰稿单位：国家粮食和物资储备局粮食储备司

撰稿人：向玉旭、邢文煦、李萌、李治萱

审稿人：秦玉云、唐成

第九部分

物资储备

一 战略物资储备管理

（一）积极发挥储备市场调节作用

落实国务院“保供稳价”部署，国家储备铜铝锌投放取得显著成效。稳妥有序组织四批国家储备铜、铝、锌投放共计57万吨，有效引导市场预期、缓解了中小企业原材料成本压力，取得“四两拨千斤”的储备调节效果。相关信息经央视、《经济日报》、《上海证券报》、上海有色金属网等媒体播报刊发后，业内普遍认为此举释放了国家对大宗商品保供稳价的积极信号，稳定了市场预期，保障了产业链和供应链安全。据统计，有300多家中小生产企业享受到政策红利，普遍对国家储备投放给予了高度评价。

（二）不断提升储备实力

加强国内外形势分析，持续开展重要矿产品收储，维护我国优势资源的经济效益，进一步提升掌控力和话语权；同时，保障关键领域核心需求和供应链产业链安全能力进一步增强。稳步推进“116专项”工作，积极协调、及时解决铁路运输计划安排问题，进一步优化国家储备品种结构。

（三）夯实物资管理工作基础

一是巩固“大清查”工作成果。对大清查发现辽宁、山东局个别仓库损溢问题及时进行处理，解决了历史遗留问题，实现了数量准确、账实相符；按照相关制度要求，研究批复湖南局大清查发现问题处理方案。开展大清查发现问题整改和整改“回头看”工作，对山西局、宁夏局开展相关工作情况进行了认真抽查。分别拟订两类物资年度库存检查方案，有针对性地指导垂管局、基层仓库开展库存检查工作，进一步巩固“大清查”成果。

二是提高管理标准化水平。推动标准研究和编制工作。加强部门间的协调沟通，积极推进标准规范的研究制订。加快标准规范研究阶段性成果转化。在有关采购方案编制过程中，积极推行相关质量、包装标准，提高库存物资的标准化水平。通过督促指导、调研座谈等方式，不断提升垂管局和储备仓库物资管理标准化水平。

三是开展重要问题研究。立足建设大国储备，研提加强初级产品国家储备的措施，被有关部门充分吸收，纳入国家“十四五”相关规划和工作方案。进一步深化相关品种产供储应急保障研究，为“十四五”时期持续增加储备实力夯实工作基础。

（四）深入开展“我为群众办实事”工作

一方面着力提高铜铝锌出库效率，把党的温暖送到终端企业用户的心上。通过组织网上竞价，优化内部流程，加快审批时间，协调相关垂管局及储备仓库在确保安全的前提下，克服高温、洪水、严寒等重重困难，连续加班作业，提供高质量服务，顺利完成国务院“保供稳价”出库任务，得到相关企业高度评价和赞扬。另一方面积极为仓库争取权益，妥善解决专项任务出库相关费用问题。通过积极沟通协调，就费用标准、结算方式等达成共识，切实解决基层干部职工“急难愁盼”的困难。

撰稿单位：国家粮食和物资储备局物资储备司

撰稿人：夏保强、潘瑶、王敏、王爽

审核人：徐高鹏、邱永峰

二 应急物资储备管理

（一）完善应急处置机制

认真落实《国家粮食和物资储备局应对突发事件总体应急预案》，与国家防办、应急管理部等紧密衔接，制订应急调运预案，建立快速调拨机制，特别是针对河南“7·20”特大暴雨洪涝灾害，迅速建立“三个机制”，以机制促落实，下好“先手棋”。一是建立灾情共享机制。及时掌握河南汛情，第一时间启动重特大灾害应急处置预案，切实做到闻令而动、保障到位。二是建立应急值守抽查通报机制。确保相关管理部门和储备仓库24小时随时待命，加强人力、物力调度，做到“电话响三声内必须接，调运通知20分钟内必须发”，按指令及时高效调运物资。三是建立在库物资安全报送机制。组织灾情严重地区仓库开展在库物资巡查巡检，排查安全风险隐患，确保物资储存安全。

（二）夯实物资保障基础

稳妥有序完成22.6亿元中央应急救灾物资增储采购专项，储备布局得到进一步优化，储备规模、品种达到历史最高水平。充分发挥国家物资储备仓库资源优势，加强资源统筹使用，重点增加西北、西南等防灾减灾救灾薄弱地区的储备库点，补齐了布局“空白点”，实现31个省（区、市）全覆盖，确保调运及时高效。目前储存有中央应急救灾物资的储备仓库共89座，其中中央应急救灾物资储备库48座、国家物资储备仓库41座。中央应急救灾储备物资价值34.87亿元，储备物资品种更加丰富，由原来的80种增至121种，应急保障能力显著提升。

（三）提升安全储备水平

一是持续深化大清查效果。以国家战略和应急物资数质量大清查为契机，压实储备库主体责任和垂管局监管责任，加强在库物资风险隐患排查整改，认真开展“回头看”行动，督促各储备单位加强问题整改落实，提高安全管理水平。二是开展汛期专项督查。提早着手，对存储中央应急救灾物资的 89 座储备仓库开展汛前和汛中和重要节点检查，重点对应急预案修订、应急演练、仓储设施安全、在库物资质量及存储状况等专项督查抽查。三是提升储备管理“内实力”。加快推进应急救灾物资储备管理规范和标准制订工作，与应急管理部共同推进应急救灾物资管理信息平台建设，实现在库物资实时查询和在线调度，科学管理、快速调运；积极推进与京东物流等大型社会物流企业合作，初步建立突发状态应急调运机制，形成政府和企业应急保障合力；与中共中央党校（国家行政学院）合作开展社会化储备研究，为建立企业储备、产能储备，不断完善储备方式提供坚实的理论支撑。四是凸显应急保障作用。总结完善在疫情防控、防汛救灾应急保障的经验做法，以演练促实战，充分发挥国家储备优势，形成横向联动、纵向协同的快速响应机制。2021 年以来，紧急调运 15 批次、1.28 亿元中央应急救灾物资，全力保障河北省疫情防控、河南郑州等地重特大暴雨抗洪抢险和青海玛多 7.4 级地震救灾、山西等 13 省冬春救助急需。机构改革以来，会同相关部门及时高效调运 60 批次、3.88 亿元中央应急救灾物资，为抗击自然灾害和新冠肺炎疫情提供坚实物资保障，多次得到国务院领导批示及肯定。

撰稿单位：国家粮食和物资储备局应急物资储备司

撰稿人：李国强、杨林、丁祎

审稿人：王宏、杨青

三　物资储备基础设施建设

（一）综合保障能力建设

充分利用现有国家储备仓储设施资源，在华北、东北、华东、华中、华南、西南、西北区域核心城市谋划改造和建设 7 个综合性国家储备基地，统筹平时急时战时需要，统筹整合各类储备设施资源，统筹推动大储备融合发展，加快补齐突发公共卫生事件应急物资保障短板，全面提高应急物资保障水平。7 个综合性国家储备基地项目已完成安全综合整治库房、货场功能提升，匹配作业设备等建设内容，均已具备模块化负压方舱医院、集装箱式生物隔离装备等任务的承储条件。北京、武汉两个项目基本完工，沈阳、上海、广州、成都、西安等 5 个项目预计 2022 年年底前完工。综合性国家储备基地建成后，将立足 7 大核心城市，发挥辐射带动作用，提高国家储备综合保障能力。

（二）储备基础设施安全隐患整治

牢固树立忧患意识、底线思维，坚持从源头上防范化解安全风险，针对部分储备仓库安防系统功能丧失、物防技防能力与重点反恐目标标准差距大、尚未完全达到安全环保强制性新要求等突出问题，加强谋划并部署实施国家储备仓库安全综合整治提升三年行动计划，共安排 4 个批次、88 个项目。实施三年行动计划以来，聚焦高标准设计、高质量实施、高水平运行，建设成样板工程的“三高一样板”目标，坚持规划、标准和示范“三个引领”，严把设计、施工、验收“三关”，注重建设、使用、管理有机衔接。一是坚持规划引领，系统做好顶层设计。组织编制《国家储备仓库安全综合整治提升三年行动计划》及配套的《国家储备仓库安全综合整治建设项目三年规划》，坚持问题导向、目标导向和结果导向相统一，统筹明确智能化安防系统升级、安全环保达标、设施性能优化和信息化管理等目标任务。由于整体规划做得深、做得实，2019 年当年完成了 63 个储备仓库前期工作，为当年实施、当年完成、当年见效奠定了坚实基础，2020、2021 年持续将安全隐患整治与库区综合治理、通用仓库消防系统升级与多样化储备功能提升、储备仓库安防及信息化系统与武警“智慧磐石”工程建设等综合推进，改造提升丙类仓库，储备仓库物流功能和运行效率整体大幅提升，实现一钱多用、一举多得。二是坚持标准规范引领，统一制定技术规范。制定《国家储备仓库安防系统综合防雷规范》《国家储备通用仓库安全综合整治技术规程》等系列标准规范，聚焦精准补短板、强弱项、促升级，将高标准要求贯穿于通用仓库安全综合整治设计、施工、监理各环节全过程。三是坚持典型引领，强化示范带动效应。2019 年 10 月，在江西垂管局有关单位召开安全综合整治现场会，全面总结推广有效做法和鲜活经验，为安全综合整治立标杆、打样板，以点带面、辐射带动，有力推动项目落地见效。2020、2021 年又多次召开视频调度会，深入现场实地督导，加快复工复产，压实责任，确保项目建设质量和进度。四是坚持把好验收关。严格执行专项验收、初步验收和竣工验收三道程序，全部通过专业机构第三方安全评价，确保符合技术标准要求和安全隐患清零。

（三）应急救灾体系建设

加强项目建设调度督导，加快推进中央级救灾物资储备库项目建设，增强应急保障能力，完善中央级应急救灾储备体系。一是切实规范项目建设管理，严格执行《中央级救灾物资储备库项目建设管理暂行办法》，与委托建设单位签订代建协议，压实项目单位主体责任和上级行政单位监管责任。二是持续调度，确保项目安全、质量和进度。建立并推广应用工作台账管理，指导项目单位加快推进项目建设和预算执行。三是坚持“大储备”“大统筹”“大融合”，结合“十四五”规划编制，统筹应急救灾物资等战略物资储存和集散调运功能需要，优化未开工项目设计方案，提升物资储存适用性和快速调运能力。中央级救灾物资储备库项目中，武汉、哈尔滨、格尔木库已投用运行；长沙、合肥、拉萨库完成竣工决算；天津、重庆、沈阳库完成竣工验收，乌鲁木齐库完工运行，结合资产置换开展竣工验收，喀什分库已开工建设，计划 2022 年年底前竣工投产。

（四）民生工程

持续开展“民生工程三年行动”，并纳入“不忘初心、牢记使命”主题教育检视问题整改内容和党史学习教育“我为群众办实事”实践活动重要事项，印发《国家粮食和物资储备局办公室关于认真组织开展“民生工程三年行动（2020—2022 年）”的通知》。项目实施中，一是抓准关键问题，加强事前谋划。先期组织垂管局、储备仓库对民生突出问题全面梳理、分类，并细化至项目，建立民生项目库；统筹年度资金盘子，按照民生项目类别，一年解决一类重点，将民生问题逐一击破；在资金十分紧张的情况下，加强与国家发展和改革委员会、财政部沟通协调，积极争取资金支持，并动员垂管局、基层单位多渠道筹措资金，集中力量解决民生突出问题。二是紧盯实施过程，加强事中检查。通过调研、座谈等形式多次深入储备仓库，实地查看民生项目实施情况；安排 2022 年项目投资计划时，对民生问题再次摸底，避免遗漏。三是做实建设成效，加强事后考核。组织垂管局报送 2020 年“三年行动”工作总结和项目验收情况，以图片等形式对项目实施前后情况进行对比，确保实施效果；召开视频调度会，组织民生项目实施效果突出的垂管局交流经验做法，提炼具有示范引领、可复制可推广的实施理念和实践，扩大示范效应，带动提升垂管系统民生工程质量水平。

截至 2021 年年底，累计实施垂管系统民生项目 127 个、投资 8727 万元，重点解决了取暖、用水、用电等突出问题，投资完成率 100%。

撰稿单位：国家粮食和物资储备局规划建设司

撰稿人：胡艳豪

审稿人：钱毅、张保国、晁铭波

四 安全管理

（一）深入贯彻习近平总书记关于安全生产重要论述

国家粮食和物资储备局党组认真贯彻落实习近平总书记关于安全生产重要指示批示，部署安全风险评估、安全生产督导检查、危化品仓库大型综合演练等工作。党组理论学习中心组专题观看学习《生命重于泰山——学习习近平总书记关于安全生产重要论述》电视专题片，结合安全生产工作交流发言。组织召开全系统安全生产视频会，部署开展“安全生产月”活动，印发通知督促指导全系统各单位及时观看学习电视专题片，开展安全生产督导检查中对该项工作专题督导。

（二）牢固树立安全发展理念

成立安全生产领导小组，印发《领导班子成员安全生产职责和安全生产领导小组成员单位任务分工》，严格落实“三个必须”原则，建立完善工作例会制度和协调会商机制。召开安全生产相关会议，高位推动全系统安全生产工作落实落地。细化完善安全生产责任目标，签订《安全稳定责任书》，全面细化岗位责任，织密安全责任网络。结合业务工作实际，在粮食收购、战略物资收储轮换、项目建设、政策性粮食执法督查等重点工作中，做到业务工作和安全生产同时安排部署、同时组织实施、同时督导检查。印发2021年安全生产工作要点，细化6大项17方面工作任务，统筹推进全年安全生产重点工作。组织开展好“安全生产月”活动，汇编《安全生产月活动动态信息》，广泛宣传系统安全生产典型案例和好的做法。

（三）扎实推进安全生产专项整治行动

出台《储备仓库安全治理提升三年行动方案》，明确5个方面17项101条重点任务。深化巩固和拓展安全生产专项整治三年行动成效，深度聚焦生产作业标准化、安全管理规范化、风险管控智能化目标，全面改善安全管理“软件”环境，进一步提升储备仓库本质安全水平。26个垂管局向有关省级政府安委会提交书面申请，主动接受属地监管，凝聚安全生产监管合力，切实减少各类安全生产事故发生。每季度开展安全生产形势分析，调度推进专项整治情况。

（四）健全完善安全管理制度标准

部署开展新修改《安全生产法》宣贯工作，启动修订《垂直管理系统安全生产监督管理办法》，起草《重大生产安全事故隐患判定标准（试行）》，印发《安全生产约谈实施办法》《“四不两直”安全监督管理办法》《垂直管理系统安全生产工作考核办法》。按照“1+N”模式推动粮食和物资储备安全生产标准树建设。立项编制38项安全相关标准，编制完成7项，包括危险化学品仓库安全防范技术标准、安全标志及使用规范等，计划2022年完成22项标准，为储备仓库安全规范作业提供标准依据。

（五）不断强化安全风险防控

组织督查检查组深入开展安全生产督导检查，组织开展“四不两直”明查暗访安全检查，限期整改安全检查发现的问题。严密排查治理安全隐患，实行安全隐患清单动态调整。对部分储备仓库越野管线安全距离不足、转运站置换等问题督促整改。强化粮食出入库作业安全管理和第三方作业监管。对垂管系统安全事故隐患进行调度、统计、汇总，组织注册安全工程师和专家组开展逐条逐项核实，分级分类提出整改措施，减少存量、遏制增量。推动安全生产信息化建设，建设“安全生产监测平台”，通过信息化、智能化手段，加大监管力度，提升监管水平。开发事故隐患在线监管系统APP，为早日实现“两个清单”动态更新和隐患治理的全过程监管奠定基础。

（六）切实加强安全生产保障措施

强化项目资金保障，定向新增预算用于开展安全评价评估、治理安全隐患、应急演练以及安全生产信息化建设，不断改善安全生产条件。强化安全生产应急管理，起草《关于加强生产安全事故应急管理工作的指导意见》。联合有关地方政府部门，组织开展垂管系统历史上规模最大、动员力量最强、科目最齐全的储地警大型危险化学品综合应急演练。强化储地警三方联防联动、协同配合的作战能力，取得了良好的效果和示范效应。强化安全生产教育培训，采取再教育方式，持续做好危险化学仓库负责人及相关岗位人员学历提升培训。

撰稿单位：国家粮食和物资储备局应急物资储备司

撰稿人：葛宁、皇甫志鹏、黄硕

审稿人：王宏、杨青、陈玉平

专栏 12　储备仓库安全治理提升三年行动

国家粮食和物资储备局党组在粮食和物资储备深化改革、转型发展的实践中，始终坚持人民至上、生命至上，统筹发展和安全，认真谋划、反复研究，在扎实推进安全生产专项整治三年行动集中攻坚的基础上，决定开展储备仓库安全治理提升三年行动，着力推动全系统安全生产形势持续稳定向好。

开展储备仓库安全治理提升三年行动，是认真贯彻落实党中央、国务院关于安全生产决策部署的重要举措，是全系统深化改革、转型发展的现实要求，是防范化解安全生产领域重大风险的具体行动。储备仓库安全治理提升三年行动，坚持问题导向，聚焦储备仓库运行中各重点环节和部位存在的问题，健全完善安全生产标准规范和规章制度，规范各岗位人员作业行为、管理行为，筑牢守好防范化解重大安全风险的责任网络、制度体系、管理规范。切实增强与储备仓库安全综合整治提升三年行动成效相匹配的软实力，努力实现生产作业标准化、安全管理规范化、风险管控智能化。通过与安全生产专项整治的协同互补，从“软”“硬”两个方面，全力促进储备仓库本质安全水平提升，对于筑牢守好安全底线，切实保障人民群众生命财产安全具有重大意义。

撰稿单位：国家粮食和物资储备局应急物资储备司

撰稿人：葛宁、皇甫志鹏、黄硕

审稿人：王宏、杨青、陈玉平

五 物资储备标准化

在2020年发布6项大清查有关标准，实现物资标准零突破的基础上，2021年大力推进第一批20项物资储备标准制定，涉及储备急需及包装码垛等标准。2021年3月，下达第二批35项物资储备标准制修订计划，突出重点，聚焦安全生产类、应急管理类、“卡脖子”技术类标准等的制定。两批共计55项已立项标准主要分为5类：

一是基础通用类标准，共8项，包括物资储备通用术语、编码、标志标识和缩略语等基础性标准，为物资储备行业标准的制修订工作提供基本指引。

二是日常管理类标准，共10项，包括各类型储备物资出入库、装卸搬运、储存保管、码垛方式、储存环境等物资储备业务标准，积极推进物资储备业务精细化、管理科学化。其中，结合中央储备糖实际，组织修订《中央储备糖储存库资质条件》，对推动中央储备糖仓储以标准化方式组织作业、经营、管理和服务，促进行业转型升级具有重要意义。

三是安全管理类标准，共27项，覆盖安全生产、应急风险管理、安全防范工程技术、消防技术、库区应急导向系统设置、作业人员安全生产岗位要求等。相关标准的制定将更好地推动树立安全第一的“红线”意识，扎实推进安全生产工作，稳步扩大安全生产双重预防体系覆盖，有利于强化应急能力，积极防范风险，做到超前研判。

四是建设类标准，共7项，主要规定了储备基地建设和“卡脖子”技术方面的要求，包括储备基地建设规模与项目构成、选址与总平面布置、建筑与建筑设备、仓库设备、信息系统建设等方面的内容，规范了工程的水封设计、监测设计以及工程运行管理等方面的要求，为提高储备基地建设的质量和安全性提供了标准支撑。

五是信息化类标准，共3项，综合考虑物资储备信息化建设急需，规范了国家储备物资流通环节电子标识内数据内容及格式，为储备物资在流通环节的管理工作提供基础技术支撑，加快实现信息技术同物资储备业务工作深度融合。

撰稿单位：国家粮食和物资储备局标准质量中心

撰稿人：付伟铮、颜婷婷

审稿人：王耀鹏、孙长坡

第十部分

能源储备

一 能源储备管理

（一）储备保供稳价作用进一步彰显

国家石油储备“压舱石”和“稳定器”功能进一步拓展，保供稳价作用进一步发挥，得到了社会广泛关注。为缓解生产型石化企业原材料价格上涨压力，经国务院批准，国家粮食和物资储备局首次以轮换方式分期分批组织投放国家储备原油，2021年9月24日完成首批竞价交易，有效稳定了市场供需。针对国内部分区域成品油供应紧缺的形势，经国家发展和改革委员会、财政部核准，国家粮食和物资储备局2021年10月底组织开展了年度国家储备成品油轮换，通过轮换出库汽油、柴油等增加市场资源，及时发布新闻信息引导市场预期，有效缓解了供应紧张局势，充分发挥了国家成品油储备市场调节作用。

（二）储备管理制度机制进一步完善

加快推动《能源法》《国家石油储备条例》出台，并积极研究提出修改完善建议。国家粮食和物资储备局与相关部门联合印发了《国家石油储备基地委托管理办法》，进一步修订完善了国家原油、成品油储备相关管理办法。结合国家原油储备投放和国家成品油储备轮换实践，积极推动建立石油储备轮换机制工作。结合落实国家储备仓库安全治理提升三年行动方案重点任务要求，制定了国家储备油库成品油出入库作业操作有关管理规定，进一步健全了仓储安全管理制度体系。

（三）科学规范管理基础进一步夯实

扎实推进国家储备原油、成品油大清查问题整改，并跟踪指导确保整改措施落地见效。针对垂直管理系统业务拓展需要，组织开展了原油监管业务培训，进一步提升了专业化管理水平。推动建立石油储备数字化动态台账，进一步提高了信息化管理水平。加强与有关部门沟通，进一步强化了代储原油、成品油管理。组织开展了国家储备成品油数据统计分析和年度损耗溢余核销处理等工作，进一步夯实了储备管理基础。

撰稿单位：国家粮食和物资储备局能源储备司

撰稿人：葛连昆、王晨

审稿人：车英

二　石油储备能力建设与发展

（一）落实制度，明确责任，项目建设管理更加规范

通过建章立制，细化职责，明确任务，严格管理程序，强化关键环节的统一管理，促进项目建设规范化实施。2021年制定出台了国家石油储备基地项目建设管理办法，基地项目建设实行“谁负责、谁决策；谁决策、谁担责”，委托国有石油石化企业承担建设任务，压实企业责任确保质量、安全和进度。为保证项目招标投标工作的顺利实施，制定了项目建设招投标管理办法。建立基地项目协调机制，研究解决项目建设中的重大问题，加强项目建设过程中的监督检查。建设资金使用严格执行国家有关法律法规和财务规章制度，勤俭节约，严格开支范围、开支标准和审批程序，投资成本得到有效控制。

（二）集约发展，辐射面广，石油储备保障能力逐步扩大

综合考虑国家能源安全需要，石油石化产业发展进程，国际能源市场变化趋势，以及长输管网港口等设施条件，国家有序推进国家石油储备基地建设，已建成的石油储备项目布局在沿海地区和长输管线沿线，并与炼化产业布局相协调，具备安全可靠、石油进出快速方便、应急辐射面广等条件。目前国家石油储备一期、二期项目已全部建成，基本能够辐射全国所有地区，国家石油储备基地整体布局框架基本形成，西南、华中地区的保障能力将得到加强，石油储备保障能力逐步扩大，充分发挥了国家石油储备基地在保障国家能源安全、促进产业发展等方面的作用。

（三）联合攻关，积极推广，国家重大工程对技术创新的带动作用有效发挥

石油储备项目建设集中国内优势资源、国内权威科研机构、国内高水平设计单位和施工单位，体现占地少，总体布局合理，功能区划清晰合理，工艺先进，库区自动化程度高，设备选型可靠，消防、安全和环保设施完善和先进等特点。首次应用地下水封洞库技术建设的大型原油库，体现了超大型油库的安全环保、经济合理、技术先进、现代化管理的要求，使我国油库设计、施工等水平大步提高，而且在超大型油库安全技术、自控技术、新材料、施工技术等方面的技术创新取得了可喜成绩，对优化设计、改进施工工艺、保证工程质量、节约投资等方面起了重要作用。

撰稿单位：国家石油储备中心

撰稿人：隋守鑫、李尔博王

审稿人：李丹

第十一部分

行业发展

一 科研发展

（一）粮食科技创新

1. 加强科技兴粮兴储顶层设计

研究编制《“十四五”粮食和物资储备科技和人才发展规划》，突出政府部门引导科技创新的职责定位，从科技和人才发展机制、粮食和物资储备科研任务、粮食和物资储备人才工程等三个方面规划创新发展，明确促进粮食和物资储备科技与人才融合发展的创新举措，细化落实“四个面向”的科技攻关任务，布局培养粮食和物资储备科技人才的重点工程，为“十四五”粮食和物资储备重点建设任务提供有效技术和人才支撑。国家有关部门印发《关于“科技兴储”的实施意见》，聚焦构建统一的国家物资储备体系需求，不断提高国家物资储备应对突发事件能力的总体要求，以提升物资管理效率为着力点，突出信息技术高效应用，引导搭建技术应用平台，发挥各类创新资源优势和实效，强化科技创新支撑，指导物资储备领域技术创新，构建服务战略和应急物资储备的科技支撑体系。

2. 举办粮食和物资储备科技活动周活动

2021年5月，举办以“科技助力节粮减损，创新保障优粮供给”为主题的全国粮食和物资储备科技活动周。在四川农业大学设置科普活动主会场，现场播放专题视频，展示新中国成立以来，在党的正确领导下，粮油科技从无到有，从弱到强，从零星研发到较为完善的创新体系重大转变。活动现场布设了科技成果专题展区，展示粮食科技创新平台在实施“优质粮食工程”“节粮减损”等方面的新技术成果约100项，线上开展科技成果对接签约30余项目，对接意向金额2000万元左右。活动期间，组织专家科普讲座，广大群众热情参与，宣传成效明显。各级粮食和物资储备部门、相关高校师生和企业代表等3000多人参加了现场活动，全国约20万人次参加粮食和物资储备科普宣传活动。

3. 召开科技和人才工作经验交流会

召开科技和人才兴粮兴储工作现场经验交流会，坚持系统观念，统筹各个环节，整合资源，贯通协作，进一步凝集科技人才促进产业发展的共识，建立以企业为主体、市场为导向、产学研深度融合的技术创新体系，科技创新要从“单兵作战”转变为“握指成拳”，不断完善体制机制，在优化创新环境、激发创新活力上下功夫，提升科技创新体系整体效能；展示粮食和物资储备科技成果，科技工作成效突出单位现场交流经验。

4. 强化科技创新平台建设

在完成粮食储运国家工程实验室验收材料报备基础上，平台通过了国家发展和改革委员会组织的专项评价，与稻谷及副产物深加工、小麦和玉米深加工、粮食发酵工艺及技术等国家工程实验室，一并纳入新序列管理的国家工程研究中心。组建“国家粮食产业（青稞深加工）技术创新中心”“国家粮食产业（仓储害虫防控）技术创新中心”“国家粮食产业（城市粮油保障）技术创新中心”，并在科技活动周现场授牌。完成对“国家粮食产业（减损干燥）技术创新中心”“国家粮食产业（药用功能资源开发）技术创新中心”“国家粮食产业（人工智能仓储装备与服务）技术创新中心”现场考察和专家论证工作。加强功能粮油、粮油食品保鲜与加工产业科技创新联盟建设指导。专题研究国家粮食和物资储备局技术创新中心建设情况，系统分析取得的成效和存在的问题，以更好指导创新平台建设。

5. 加强国家科技计划项目管理

组织有关专家参与国家重点研发计划国际合作类重点专项实施方案和项目指南编写工作，以及食品制造与农产品物流科技支撑重点项目指南编写工作，争取将“节粮减损”等内容纳入专项实施方案。凝练粮食科技创新需求，向国家基金委报送5项基础研究需求建议。推荐粮食行业团队竞争承担2021年度国家重点研发计划“食品制造与农产品物流科技支撑”“绿色生物制造”专项有关涉粮项目。加强“科技助力经济2020”项目管理，督导项目进展情况，就项目实施和资金财务管理等提出具体要求。凝练形成8项聚焦仓储、检测环节技术“榜单”，争取纳入有关部门“揭榜挂帅”任务内容。

6. 积极推荐高层次科技创新人才

按照《科技部办公厅关于做好国家高层次人才特殊支持计划科技创新领军人才、科技创业领军人才推荐评审工作的通知》要求，经征集、专家评审、公示等程序，推荐相关人员参评“国家高层次人才特殊支持计划科技创新领军人才”。

7. 积极推动粮机产业转型发展

印发《粮食机械装备提升行动方案（试行）》，研提10项粮机升级需求，进一步梳理粮机产业升级需求关键技术点、重点任务，指导安徽中裕食品有限公司、河北五得利集团积极争取装备升级支持政策。

撰稿单位：国家粮食和物资储备局安全仓储与科技司

撰稿人：王旸、夏丹萍、管伟举、杨道兵

审稿人：周冠华、张成志、姚磊

（二）重点课题调研

2021年，全国粮食和物资储备系统认真落实党中央、国务院决策部署，准确把握调查研究服务科学决策、指导实际工作的定位，扎实开展重点课题调研。更加注重服务中心工作，围绕贯彻落实习近平总书记关于粮食和物资储备工作的重要指示批示精神，自觉对标看齐，心怀“国之大者”，着眼保障国家粮食安全、能源安全、产业链供应链安全大局，精心组织、深入研究，形成全局性重点调研课题12篇、司局单位重点调研课题28篇。更加注重成果转化运用，各单位坚持问题导向、底线思维，把着力点放在解决问题、推动工作、指导实践上，通过深入扎实的调查研究，提出务实管用的对策建议，有关调研成果转化形成多篇专报、信息上报党中央、国务院和国家发展和改革委员会，还有的已转化为政策储备和可行措施印发实施，在立法修规、政策制定、重要文件出台、做实重要举措等方面发挥了服务决策、指导实践、推动工作的支撑作用。更加注重营造氛围转变作风，连续三年扎实开展优秀调研成果评选活动，2021 年评选出国家粮食和物资储备局机关优秀调研成果 15 篇、系统优秀调研成果 20 篇，并予以通报表彰，为进一步树立重视调研、创新创优的导向，发挥了示范带动作用。

撰稿单位：国家粮食和物资储备局办公室

撰稿人：张亚龙

审稿人：方进

（三）战略性课题研究

2021 年国家粮食和物资储备局战略性课题研究项目共 4 项，由中国粮食研究培训中心负责组织完成，形成了具有较高价值的研究成果。

1.《关于粮食节约减损立法规制研究》

在梳理规制粮食损失浪费必要性的基础上，进一步分析我国当前粮食损失浪费立法规制现状，提出当前规制粮食损失浪费的法律政策制度基础薄弱的问题。借鉴国际上有效规制粮食损失浪费的做法，提出了我国立法规制粮食损失浪费的建议。

2.《建党百年来中国共产党领导粮食流通体制改革的光辉历程和取得的伟大成就》

系统梳理了新民主主义革命时期、社会主义革命和建设时期、改革开放和社会主义现代化建设新时期及新时代我们党领导我国粮食流通体制改革的光辉历程，总结了建党百年来我国粮食流通体制改革的主线和逻辑，研究提出了新发展阶段我国粮食流通体制改革的方向。

3.《创新建设绿色共享粮仓培育粮食产业高质量发展新动能》

在阐明创新建设绿色共享粮仓的重要性和必要性的基础上，总结地方推动绿色共享粮仓建设有益经验，并客观分析存在的主要问题，研究提出了建设绿色共享粮仓指导思想、基本原则和重点任务以及保障措施等方面的对策建议。

4.《当前全球粮食安全形势与保障国内粮食供给和市场稳定的政策建议》

从总量、区域、品种和价格等角度分析全球粮食安全形势，研判风险隐患和对我国的影响。认为全球粮食供需总体宽松，但区域性结构性矛盾突出，需警惕全球粮食结构性缺口加剧我国粮食结构性矛盾、资本炒作推动全球粮食价格持续上涨和全球粮食贸易链供应链梗阻影响我国粮食进口。为确保国内粮食供给和市场不出问题，研究提出进一步压实地方党委政府保障粮食安全的政治责任，优化农业生产结构，加快短缺品种海外布局，提高宏观调控精准度，强化监测预警和市场监管等对策建议。

撰稿单位：中国粮食研究培训中心

撰稿人：胡文国、李慧强、姜明伦、曾伟

审稿人：颜波、陈玉中

（四）软科学课题研究

2021年，国家粮食和物资储备局软科学课题聚焦粮食和物资储备安全核心职能，组织深入开展“大粮食”“大储备”研究，形成了一批站位高、质量好、针对性强的研究成果，转化运用取得新突破，为服务政策决策、创新思路举措、推动改革发展提供了强力支撑。

一是心怀“国之大者”，强化目标导向。坚持正确的政治导向，牢固树立“大粮食”“大储备”和“大融合”“大统筹”理念，观大势、谋大事，深入调查研究，充分反映了粮食和物资储备系统面对新形势新任务新要求的新担当新作为新成效，集中体现了各级粮食和物资储备部门的新思考新建议新举措。

二是聚焦核心职能，强化问题导向。围绕全面加强粮食安全治理制度体系建设、加快推动战略和应急物资储备体制机制改革、深入推进优质粮食工程、全面提升粮食收储调控能力、着力提高管粮管储效能、有效促进节粮减损等6个研究方向，组织各课题单位全面深入开展研究，研究成果更加注重推进重点工作的针对性、解决当前热点问题的实效性、化解行业难点问题的可操作性。

三是集聚研究力量，强化质量导向。广泛汇集系统内外研究力量“为我所用”，组织各省级粮食和物资储备局（粮食局），国家粮食和物资储备局各司局、直属单位、联系单位，各垂直管理局，有关中央企业、院校及科研机构，以及“特约调研员”团队等，集思广益、开展合作研究，以理论创新推动实践创新，切实为加快推进粮食和物资储备系统深化改革、转型发展服务。

四是服务政策决策，强化成果运用。2021年共组织完成50项软科学课题，49项课题顺利结题。其中，国家粮食和物资储备局规划建设司《聚焦国家储备安全核心职能健全统一高效的国家储备体系研究》等25项课题研究成果摘要，获得国家粮食和物资储备局领导肯定性批示，被评定为具有较高学术水平和实用价值；国家粮食和物资储备局能源储备司《完善政府原油和成品油储备体制机制研究》等24项课题，被评定为具有一定学术水平和实用价值。研究成果摘要均通过《国家粮食安全研究》和《国家储备安全要情》刊发，报送有关领导和单位借鉴参考，发挥了咨政辅政的积极作用。

撰稿单位：中国粮食研究培训中心

撰稿人：高丹桂、崔菲菲、胡耀芳、张慧杰

审稿人：颜波、王世海、刘珊珊

（五）自然科学研究

立足科技创新服务，推动行业科技发展。一是围绕食品、油脂、储藏、饲料等专业方向举办专题性学术会议；深挖社会科普资源，授予11家单位为“中国粮油学会科普教育基地”，组织遴选2014年以来《中国粮油学报》刊载的粮食产后节粮减损研究论文，作为世界粮食减损大会会议材料；制修订《"中国好粮油"产品遴选管理办法》，并组织开展"2021年度中国好粮油"产品遴选工作。二是组织开展粮食行业重大科学问题和工程技术难题征集评选，推荐1项前沿重大科学问题、5项工程技术难题，1项2021年"科创中国"先导技术；获中国科协"重大科技问题难题征集发布2018 2021年度优秀组织单位"称号。二是评选出2021年度中国粮油学会科学技术奖获奖项目39项；2项获2019年度中国粮油学会科学技术奖一等奖的获奖项目，分别获2020年度国家科技进步奖二等奖，粮油科技奖励的权威性得到认可。四是为国家"十三五"科技项目验收提供技术支撑，组织完成39项粮油科技成果评价；中国粮油学会会员单位主持研发的2项科技成果入选科技部主办的国家"十三五"科技创新成就展。五是完成高层次人才发掘和举荐，推荐2021年中国工程院院士有效候选人1名，中国科协2021年最美科技工作者候选人2名，2021年度中国政府友谊奖候选人2名，评出2021年最美粮油科技工作者4名。六是搭建粮油青年面对面交流平台，成功举办"中国粮油学会第一期粮新青年沙龙"。七是加强与国际组织交流，通过线上形式参加国际谷物科技协会（ICC）谷物与面包大会、第七届全谷物峰会、美国油脂化学家协会（AOCS）年会等活动；首次与ICC共同举办了第一期在线学术研讨会，聚焦"后疫情时代粮食产业发展和健康升级"主题，展示我国粮食领域科技工作者的最新研究成果，分享粮食产业发展与健康升级的前沿理念，贡献中国智慧和中国方案。

撰稿单位：中国粮油学会

撰稿人：王莉蓉、魏然、左巍

审稿人：王莉蓉

专栏 13　“科技兴粮兴储”

各级粮食和物资储备行政管理部门认真落实创新驱动发展战略，主动谋划，多措并举，真抓实干，着力研究制约发展的技术难题，分析突破重点，引导资源向需求聚焦，通过科技创新研究解决行业发展的关键技术问题，为发挥创新第一动力，人才第一资源的重要作用作出了不懈努力。《上海粮油行业和物资储备十四五科技规划基本思路研究》、陕西编写的《粮食和物资储备行业科技创新发展“十四五”规划》、河南编制的《粮食和储备行业科技人才创新发展“十四五”规划》等科技指导文件，辽宁、海南研究的粮食和物资储备科技、人才改革发展的思路、任务和举措，进一步促进了粮食信息化发展。山东建设的小麦、玉米、大豆、高油酸花生油四个技术创新中心积极开展科技创新，有效延伸粮食产业链条。陕西指导省级粮食科研机构建设的粮油食品营养研发中心和中试基地，申报的陕西省粮油食品研究分析测试服务共享平台，得到陕西省科技厅批复。

“十四五”开局启动，粮食和储备事业发展需要科技创新，要以粮食和物资储备创新发展共识为突破点，以科技创新体系建设为着力点，不断夯实粮食和物资储备创新基础，全面推进产学研融通发展，更好落实党中央、国务院对粮食和物资储备工作提出的各项工作要求，补齐粮食和物资储备科技和人才短板，增强行业高质量发展新动能，为推动建设粮食产业强国、保障国家粮食和战略物资储备安全、满足人民对美好生活的向往提供有力支撑。

撰稿单位：国家粮食和物资储备局安全仓储与科技司

撰稿人：王旸、夏丹萍、管伟举、杨道兵

审稿人：周冠华、张成志、姚磊

二 决策咨询

2021年，国家粮食安全政策专家咨询委员会专家委员通过线上线下相结合、走访通讯相结合等方式，积极开展课题研究、专题咨询、权威解读等工作，为国家粮食安全重大制度政策建言献策、把关论证、解疑释惑，有力推动了实际工作。国家粮食安全政策专家咨询委员会秘书处在深入分析论证基础上，认真研究起草相关意见建议报告，4件专报信息获得国务院领导同志的重要批示，1件获得国家发展和改革委员会有关领导同志的批示；编印《专家咨询动态《国家粮食安全研究》《粮食与储备研究》8期；创办国家粮食安全政策专家咨询委员会微信公众号，扩大舆论宣传，积极发挥导向作用。

（一）重点课题研究

一是开展完善主产区利益补偿机制探索建立口粮产销区横向利益补偿新机制研究。全面总结现行利益补偿机制做法经验的基础上，探索建立主销区对主产区所作贡献“显性化”的省际横向利益补偿机制，进一步压实主销区粮食安全责任，为科学决策提供重要参考。二是开展玉米大豆带状复合种植技术推广应用政策研究。深入一线调研玉米大豆带状复合种植技术示范推广应用现状，论证分析短板弱项，研究提出在西南、西北、黄淮海等地区加大推广力度的建议。该研究成果相关建议写入2022年中央一号文件“在黄淮海、西北、西南地区推广玉米大豆带状复合种植”，并转化成国务院有关部门工作任务部署要求，为推动实际工作发挥积极作用。三是开展玉米产需矛盾和保持供求平衡的政策研究。系统分析玉米和大豆供求形势，研究提出缓解玉米供求矛盾策略和建立市场调节储备、加强需求侧管理等政策举措，为国家粮食宏观调控政策决策提供重要支撑。

（二）重大决策咨询

一是认真贯彻落实习近平总书记关于“粮食安全要实行党政同责”的重要讲话精神，按照2021年中央一号文件关于完善粮食安全省长责任制的部署要求，组织召开“实行党政同责强化落实粮食安全省长责任制”专家咨询论证会。国家粮食安全政策专家咨询委员会顾问王春正、陈锡文，副主任委员赵中权等领导专家出席会议，并就研究起草的相关文件代拟稿提出咨询意见建议。国家粮食和物资储备局党组成员、副局长卢景波出席会议并介绍了文件的起草背景、基本考虑和主要措施意见；国家粮食和物资储备局督查专员颜波、国家发展和改革委员会有关司负责同志出席会议。二是组织召开“完善主产区利益补偿机制”专家咨询会，国家粮食安全政策专家咨询委员会秘书处根据会议情况，认真梳理了专家意见建议，为完善主产区利益补偿制度提供了重要参考。三是认真评估论证国家粮食和物资储备局起草的《国家粮食应急预案（修订稿）》和《关于深入推进优质粮食工程加快粮食产业高质量发展的指导意见》等重要制度文件，为推动国家粮食应急预案、优质粮食工程指导意见等重要文件出台提供了重要支撑。

（三）重要活动内容

一是配合新修订出台的《粮食流通管理条例》（以下简称《条例》）宣贯工作，充分发挥专家权威解读作用。围绕“严格政策性粮食管理、优化市场监管措施、强化质量安全监管、加大违法行为惩处力度、粮食安全省长责任制”主题，组织国家粮食安全政策专家咨询委员会等方面专家积极研究撰写专题文稿，相关专家的文稿在国家发展和改革委员会网站、司法部网站、国家粮食和物资储备局网站及《中国粮食经济》等主流媒体刊发。张晓强主任委员等专家出席《条例》贯彻实施座谈会，并接受《光明日报》、“焦点访谈”等有关《条例》重点内容采访，积极扩大《条例》宣贯效果。二是精心筹划宣传贯彻活动，创新运用新媒体等技术手段，开通国家粮食安全政策专家咨询委员会微信公众号。研究制定《国家粮食安全政策专家咨询委员会微信公众号管理办法》，按照严格的审核发布工作机制，及时推送涉粮相关信息，扩大国家粮食安全政策专家咨询委员会影响力，打造及时准确、发声权威的新媒体平台。

撰稿单位：国家粮食安全政策专家咨询委员会秘书处

撰稿人：袁舟航、亢霞

审稿人：颜波、陈玉中

三 人才发展

（一）粮食行业机构总数 5.24 万个

2021 年末，全国各类粮食行业机构 5.24 万个。其中，各级粮食行政管理部门总数为 2594 个，事业单位 1768 个。纳入统计范围的各类涉粮企业 48052 个，同比减少 252 个。其中，国有及国有控股企业 13086 个，占 27.3%；非国有企业 34966 个（其中港澳台商及外商企业 771 个），占 72.7%。从所在地看，河北、四川及云南当地所设行政机关最多，分别为 162 个、148 个和 147 个；黑龙江、河南及江苏分别设有 6066 家、4467 家和 3148 家涉粮企业，为前三位。

（二）粮食行业从业人员 192.75 万人

2021 年末，粮食行业从业人员 192.75 万人。从单位性质看，行政机关 3.31 万人，事业单位 2.77 万人（其中参公管理事业单位 0.65 万人），各类涉粮企业 186.67 万人。其中，国有及国有控股企业 46.81 万人，非国有企业 139.85 万人。

1. 粮食产销区从业人员数量保持稳定

粮食主产区从业人员 134.15 万人，占总人数 69.6%；主销区从业人员 31.17 万人，占总人数 16.1%。河南、山东、安徽、黑龙江、江苏、广东、四川 7 个省份从业人员超过 10 万人，与上年相同。河南、山东、安徽 3 省继续保持前三位，从业人员数量分别达 21.82 万人、16.96 万人、16.83 万人。青海从业人数仍为最少，仅 2762 人。

2. 长期职工队伍年龄结构保持稳定

从业人员中，在岗职工 190.04 万人，其中长期职工 171.95 万人，占 90.5%；临时职工 18.09 万人，占 9.5%。长期职工占比与去年同期略有上升。2021 年末，在长期职工中，35 岁及以下人员 58.3 万人，占长期职工总数 33.9%，同比下降 0.3 个百分点。从所属地看，贵州、新疆、宁夏、天津、西藏等五省（区、市）35 岁及以下长期职工占比较高，分别位于前五位；吉林、浙江、江西、甘肃等四省 46 岁以上长期职工占比较大。从单位性质看，行政机关 46 岁至 54 岁人员占比最高，为 32.8%，涉粮企业 35 岁及以下人员占比最高，为 34.3%，同比下降 0.4 个百分点。

3. 行业从业人员学历结构持续改善

从长期职工学历结构看，大学专科及以上人员 60.67 万人，占 35.2%；高中及以下人员 84.45 万人，占 49.3%。从单位性质看，行政机关和事业单位学历结构明显好于涉粮企业。行政机关和事业单位大学本科及以上人员 3.44 万人，占 59.7%；涉粮企业高中及以下的低学历人员占 50.5%，同比下降 0.6 个百分点。从所属地看，北京、天津、上海、江苏和海南五省（市）本科及以上人员占比较高，分别位于前五位。

4. 技术技能人才队伍保持稳定

长期职工中，国家公务员 1.95 万人，事业单位管理人员 1.59 万人，企业经营管理人员 26.52 万人。专业技术人员 22.68 万人，工人 119.2 万人。在专业技术人员中，高级职称 1.36 万人，占 6.0%（其中正高职称 4032 人，占 29.6%），与去年同期基本持平；中级职称 57870 万人，占 25.5%，同比减少 4.2 个百分点。在工人中，技术工人 37.62 万人，占达 31.56%，其中，高级技师 8249 人，同比减少 220 人。

（三）粮食行业培训 242.8 万人次

全国粮食行业共举办各类培训班 11.2 万期，培训班次同比增加 700 余期；累计培训 242.8 万人次，受疫情影响，大部分现场培训改为视频远程培训，参训人数同比增加 21.3 万人次，参训率处于较高水平。

撰稿单位：国家粮食和物资储备局人事司

撰稿人：程鹏、曲贵强、王奇

审稿人：贾骞、李寅铨

专栏14 “人才兴粮兴储”

（一）着力提升干部专业素质能力

聚焦粮食和物资储备深化改革、转型发展需要，面向各省（区、市）粮食和物资储备局（粮食局）干部人才举办14期培训班。主动适应疫情防控常态化，积极采取线下+线上等多种培训方式，组织4676人次参加安全生产、行政执法、标准化管理等专门业务培训，切实提高干部专业素质，增强专业能力。各级粮食和物资储备行政管理部门和有关中央企业围绕本地区本单位工作需要，组织开展各类业务培训，不断提升干部职工履职尽责能力。组织新入职干部集中线上培训，筹办第二届青年干部论坛，举办两期司局长讲坛，处长讲业务、青年干部政策建议直通车等落地见效。

（二）加大专业技术人才知识更新力度

围绕推动落实全国粮食和物资储备工作会议部署要求，加大专业技术人才知识更新力度，粮食和物资储备高质量发展高级研修项目入选人社部国家级专业技术人才知识更新工程。组织73名从事粮食和物资储备科技工作或科研管理工作的人才，针对“十四五”粮食和物资储备规划体系建设、实施创新驱动发展战略、现代应急物资储备管理体系、现代种业技术、绿色生物制造和油气储备安全等内容开展研修。

（三）大力选拔培育高水平人才

1人入选国家级领军人才。印发《全国粮食和物资储备高水平人才选拔培养管理办法》，组织首批全国粮食和物资储备技能大师选拔工作，产生14名技能大师。其中，物资储备系统产生首位技能大师。资助入选人员牵头成立技能大师工作室，围绕粮食和物资储备重点领域，开展技术创新、技能创造和带徒传技。着力推进国家职业技能等级认定工作，有序推动行业高技能人才队伍建设。

（四）积极深化产教融合

举办全国粮食和物资储备人才供需对接活动，在线集中发布35所院校和732家企事业单位的人才培养、需求信息，参与企业数量较往年明显增加；组织全国粮食和物资储备职业院校展，集中展示31所涉粮涉储院校发展成果，涉储涉农院校首次参展。召开全国科技和人才兴粮兴储工作经验交流会，总结成果经验，分析形势任务，部署统筹兴粮兴储，一体推进科技和人才有关工作。组建成立新一届全国粮食职业教育教学指导委员会，推动产教融合校企合作的专家力量进一步增强。

撰稿单位：国家粮食和物资储备局人事司

撰稿人：韩思文、程鹏、曲贵强、王奇、强馨元

审稿人：贾骞、林明亮、李寅铨

四　粮食行业技能等级认定与职业教育

（一）扎实有序推进粮食行业技能人才评价改革

根据国务院“分步取消水平评价类技能人员职业资格，推行社会化职业技能等级认定”的总体部署和人力资源社会保障部相关文件要求，按照《粮食行业职业技能等级认定试点工作方案》，组织开展粮食行业社会培训评价组织（第三方机构）遴选工作。推荐中国粮食行业协会、中国信息协会和中国农产品流通经纪人协会开展粮食行业职业技能等级认定试点工作。三家社会培训评价组织按照人社部相关工作安排，在全国各地人力资源社会保障部门开展分支机构备案工作，备案成功后即可开展粮食行业职业技能等级认定工作，颁发职业技能等级证书。

2021 年，中国储备粮管理集团有限公司开展企业自主等级认定评价，共开展认定 347 人次，其中（粮油）仓储管理员、农产品食品检验员 2 个职业，认定合格获证人数 297 人次；安徽商贸工程技师学院（安徽粮食职业技术学院）、安徽粮食经济技师学院（安徽科技贸易学校）、新疆经济贸易技师学院（新疆工业经济学校）分别获批成为安徽省和新疆维吾尔自治区社会培训评价机构，组织开展安徽省和新疆维吾尔自治区内等级认定评价工作，共开展认定 906 人次，其中（粮油）仓储管理员、农产品食品检验员 2 个职业，认定合格获证人数 606 人次。

（二）扎实推进行业职业教育相关工作有序开展

1. 成立全国粮食职业教育教学指导委员会（2021—2025 年）

按照《教育部关于公布全国行业职业教育教学指导委员会（2021—2025 年）和教育部职业院校教学（教育）指导委员会（2021—2025 年）组成人员和工作规程的通知》精神，全国粮食职业教育教学指导委员会（2021—2025 年）成立，共有委员 46 人，其中主任委员 1 人、副主任委员 6 人、秘书长 1 人（兼任副主任委员）。其中 45.6%来自行业企业、17.4%来自中职学校、26.1%来自高职学校、10.9%来自普通本科学校和科研机构等。

2. 开展职业教育专业简介和标准修（制）定工作

按照教育部颁布的《职业教育专业目录（2021 年）》，结合推进粮食产业经济发展对职业技术技能人才的能力要求，全国粮食职业教育教学指导委员会组织行业相关职业院校、企业专家，对接粮食行业新业态、新模式、新技术，在深入调研分析的基础上，对照现行的专业目录和专业简介，完成了中等职业学校《粮油储运与检验技术专业简介》修订、《粮油和饲料加工技术专业简介》《粮油和饲料加工技术专业标准》修（制）订，高等职业院校《粮食工程技术与管理简介》《粮食工程技术与管理标准》《粮食储运与质量安全简介》《粮食储运与质量安全标准》修（制）订，高职本科《现代粮食工程技术专业简介》制订工作，已通过教育部评审。

撰稿单位：中国粮食研究培训中心
撰稿人：沈红、王小可
审稿人：赵广美

五　信息化建设

（一）“十四五”信息化谋篇开局

1. 构建形成“十四五”信息化“一中心七平台”总目标和“三个一”新格局

落实国家“十四五”规划《纲要》，积极对接国家储备发展规划等上位规划，广泛征求行业系统专家意见建议，编制印发《“十四五”粮食和物资储备信息化发展规划》，形成以涵盖储备全品类和粮食全产业链“十字形”数据体系为基础、“一中心七平台”为支撑、“一网通、一张图、一张表”的信息化新格局。

2. 对接公共安全保障工程推动项目实施

推动“十四五”信息化重点建设内容纳入公共安全保障工程统筹建设。以现有粮食和物资储备安全数据中心及管理平台为基础，提升和拓展总体架构模块的功能，扩容和完善软硬件资源和信息数据资源，加强人工智能、大数据分析等新技术应用，重点打造一体化云服务能力，优化提升大数据功能，丰富提升业务应用，完善应急指挥调度系统。以“十四五”规划实施为抓手，实现粮食和物资储备信息化统一规划建设、统一标准规范、统一数据共享、统一安全防护、统一运行维护。

（二）重点项目加快推进

建成全国粮食储备布局地理信息系统。在“一整两通”基础上，实现数据质量监控、视频级联和采集建档、地理信息展示等功能，形成全国粮食储备布局“一张图”，业务数据“一张表”，有序做好向能源、中央救灾和防汛抗旱物资、医疗物资、战略物资拓展，逐步实现储备全品类覆盖和互通，实现“数据全知道，现场能看到”，为储备全品类动态监管、应急指挥调度等奠定基础。

（三）信息化资源整合应用成效显现

1. 完成机房、网络和系统整合迁移

充分整合利用信息化设施，搭建信息化办公环境。31 个省（区、市）粮食和物资储备局（粮食局）节点，整体由发展改革系统纵向网迁移接入粮储专网。实现安全数据中心、应急指挥中心，涉密网络无缝迁移，专网、互联网整合扩容、云资源优化扩充。

2. 整合贯通视频会议系统

完成各类视频会议室基础建设，具备召开涉密网、互联网等各类视频会议的条件，增效降费效果显现，切实保障疫情防控期间业务工作开展。

3. 建成安全数据中心、应急指挥中心

建设安全数据中心机房，汇集粮棉糖、能源、战略救灾物资业务信息及办公系统政务信息，为全面提升监管、服务、应急和决策支持信息化水平提供支撑。整合视频会议、储备布局地理信息系统、粮食应急企业监测系统、中央救灾物资管理等系统，完善提升应急指挥调

度功能，集成视频会议、视频监控、移动通信等方式，建立融合指挥通信系统，保障应急状态下政令畅通、多方协同。进一步完善应急信息整合协同、应急资源集中显示、应急预案管理、调度实时跟踪等功能。

4. 实现 OA 办公系统和门户优化升级

完成 OA 办公系统功能优化升级和内网门户升级，国家粮食和物资储备局与各垂直管理局 OA 办公系统具备贯通条件，实现收文、发文、文件网上办理和流转，提升办公便利程度。

5. 整体提高运维服务保障水平

规范运维服务流程，形成“10 分钟响应、一般问题 1 小时内解决、重大问题倒排工期按时清零”运维服务保障机制，不断提升运维服务质量。实现系统集中管理、资源按需分配、统一安全防护和数据备份，运维保障质量明显提升。

撰稿单位：国家粮食和物资储备局信息化推进办公室

撰稿人：修阳、邝琼、刘欣欣、袁鸿珊、马伯骏、何婷、丁忠丽

审稿人：卜轶彪、于英威

第十二部分

节粮减损与帮扶支援

一 节粮减损行动

（一）强化粮食产后节粮减损顶层设计

印发《关于推进粮食产后节粮减损工作的实施意见》，编制落实《粮食节约行动方案》的行动计划，建立国家粮食和物资储备局节粮减损内部工作协调机制，推进各项减损工作落实落地。修订《粮食流通管理条例》，将减少粮食损失浪费作为粮食经营活动的原则要求，对粮食储存、运输等环节予以重点规范。印发《国家粮食和物资储备局关于深入学习宣传和贯彻实施〈中华人民共和国反食品浪费法〉的通知》，安排部署反食品浪费法学习宣传和贯彻实施工作。积极推动将抓好“节粮减损”工作责任纳入地方各级党委政府粮食安全责任制规定。印发《关于深入推进优质粮食工程的意见》和优质粮食工程“六大提升行动”方案，明确“十四五”时期在落实重点任务和政策措施的基础上，实施粮食节约减损健康消费提升行动，布局推进粮食收购、清理烘干、仓储物流、加工利用、销售和消费等环节节粮食减损。

（二）全链条推进粮食产后减损工作

依托产后服务体系，助力农户减损降耗。编制《“十四五”粮食仓储物流设施布局和建设规划》，强化粮食仓储设施建设，支持央企和各地谋划高标准粮仓项目，鼓励采用节能技术改造仓房，夯实减损硬件基础。启动粮食绿色仓储提升行动，编制高标准粮仓建设技术指南，推广应用绿色储粮技术，提高粮食整体存储质量。国家粮食和物资储备局与交通运输部调研分析多式联运技术减损成效，积极推进粮食运输技术指导意见编制工作，指导粮食高效运输，推进粮食物流环节减损降耗。积极宣介粮食适度加工设备，加强副产物综合利用，促进加工节粮减损。粮食科研机构开发了全麦粉和全麦粉挂面、全谷物原料糙米米线、糙米速食粥等新产品，进一步提高粮食利用率。2021年度“中国好粮油”产品遴选增加了适度加工产品参选比例，引导粮油企业增加适度加工产品市场供给。粮食科研机构开发具有自主知识产权的磷脂酶D和“固态发酵麦麸”发酵中试生产技术，促进粮油资源增值利用。

（三）夯实粮食减损工作基础

2021年9月，在山东济南国际粮食减损大会现场，展示粮食产后减损技术成果，交流中国粮食产后减损技术经验，获得中外来宾一致认可。节粮减损、粮油加工副产物综合利用技术等研发任务，列入“十四五”国家重点研发计划“食品制造与农产品物流科技支撑”重点专项，由科技部组织通过公开竞争筛选承担单位。编印《2020年度粮油科技成果汇编》，推介节粮减损科技成果。以节粮减损、适度加工、高标准粮仓建设为重点，面向社会公开征集2021年粮食标准制修订项目，9项节粮减损相关标准项目已获得优先支持。梳理现行粮油标准，提出需修订的13项减损相关国家标准建议，启动4项团体标准研究。推动发布《小麦粉》国家标准。加大减损相关标准宣传力度，进一步夯实节粮减损工作基础。积极参与国际标准修订研究，分享中国粮食减损经验。

（四）强化节粮减损宣传引导

一是创新方式广泛开展专题宣传。广泛开展“节约一粒粮”系列宣传报道，综合运用署名文章、人物专访、主题倡议、深度报道、公益广告、网络直播等多种形式，面向大众持续宣讲国家粮食安全形势、兴粮惠农政策，普及节粮减损技术和营养健康消费知识，推动形成全民节约、节粮减损的社会共识和消费意识。二是精心组织世界粮食日和全国粮食安全宣传周活动。2021年10月16日，在2021年世界粮食日和全国粮食安全宣传周主会场活动现场发布了第三批全国粮食安全宣传教育基地，部分基地代表交流宣讲了科技助力节粮减损、积极保障粮食安全的先进事迹，反响良好。同时，分发粮油食品安全与营养健康知识科普图书。三是加强爱粮节粮宣传，发挥示范表率作用。大力宣传弘扬“宁流千滴汗、不坏一粒粮”等优良传统，进一步增强党员干部爱粮节粮思想自觉。联合有关单位开展“爱粮节粮健康消费”主题党日和党员志愿服务活动。执行中央八项规定精神，加强元旦、春节、劳动节、端午节、中秋节、国庆节等重要时间节点提醒教育，引导党员干部带头践行“光盘行动”，发挥示范表率作用。

撰稿单位：国家粮食和物资储备局安全仓储与科技司

撰稿人：姚磊

审稿人：周冠华、张成志

专栏 15 国际粮食减损大会

为贯彻落实习近平主席在二十国集团领导人第十五次峰会上提出的“适时召开国际粮食减损大会”重要倡议，2021 年 9 月 9 日至 11 日，由农业农村部、国家发展和改革委员会、国家粮食和物资储备局以及山东省人民政府共同举办的国际粮食减损大会在山东省济南市召开。大会以“减少粮食损失浪费，促进世界粮食安全”为主题，通过线上线下结合的方式进行，旨在搭建二十国集团成员、各区域国家代表、国际组织、跨国公司、学界等多方参与对话的平台，探讨国际粮食减损挑战、合作、责任和治理等重大议题。

9 月 10 日，国家主席习近平向国际粮食减损大会致贺信。习近平主席指出，粮食安全是事关人类生存的根本性问题，减少粮食损耗是保障粮食安全的重要途径。当前，新冠肺炎疫情全球蔓延，粮食安全面临挑战，世界各国应该加快行动，切实减少世界粮食损耗。习近平主席强调，召开国际粮食减损大会是中方去年在二十国集团领导人第十五次峰会上提出的倡议。希望各方以此次大会为契机，携手合作，落实 2030 年可持续发展议程，为实现零饥饿、零贫困目标贡献力量，为维护世界粮食安全、推动构建人类命运共同体作出更大贡献。

全国人大常委会副委员长吉炳轩出席开幕式，宣读习近平主席贺信并致辞。农业农村部部长唐仁健，山东省委书记刘家义、省长李干杰等出席并致辞。爱尔兰驻华大使等 16 国驻华大使，美国、英国、法国、墨西哥、阿根廷、巴西等 24 国农业部长，日本、韩国等 6 国农业部副部长，联合国峰会特使、联合国粮食及农业组织总干事、欧盟农业委员、欧盟卫生和食品安全委员等 6 个国际和区域组织负责人分别通过现场或视频连线等方式致辞。与会国家和国际组织代表一致认为，召开此次大会恰逢其时，具有重要的现实意义，彰显了中国反对粮食浪费的信心决心和促进世界粮食安全的责任担当，表示愿与中国加强合作，共同努力，推动实现联合国 2030 年可持续发展议程，为“零饥饿”“零贫困”目标贡献力量。

各国农业、粮食等领域专家学者围绕粮食“产购储加销”充分交流了减少粮食损失的思路建议。聚焦粮食收购环节，在中储粮济南直属库设置了大会现场观摩点，系统展示了农户科学储粮、产后服务体系、储粮技术、粮库管理等具有中国特色的节粮减损成效和经验，获得参会代表的普遍称赞。代表们还参观了农业种植减损成效。

此次国际粮食减损大会是新冠肺炎疫情以来我国粮农领域主办的一次最有影响力的国际会议，得到了国际社会的广泛响应，来自 50 多个国家及国际组织、企业、非政府组织的 300 多名代表围绕“减少粮食损失浪费，促进世界粮食安全”主题展开深入交流，达成了行动减损、机制减损、平台减损、生产减损、收获减损等 10 项减损共识成果。大会发布了《国际粮食减损大会济南倡议》，从加强基础设施建设、倡导可持续生产方式、降低产后损失、推行可持续消费方式等方面，为各国开展粮食减损提供借鉴。山东省率先发布《山东粮食减损行动方案》，将围绕全链条节粮减损重点任务开展先行先试。

撰稿单位：国家粮食和物资储备局外事司

撰稿人：胡瑶庆、张怡

审稿人：曹颖君

二 粮食安全宣传教育

（一）着力提升世界粮食日和全国粮食安全宣传周活动影响力

国家粮食和物资储备局会同农业农村部、教育部、科技部、全国妇联，联合国粮农组织等，以“发展粮食产业 助力乡村振兴”为主题，在全国范围内组织开展粮食安全系列宣传教育活动。全国粮食安全宣传周期间，中央主要媒体对系列活动予以集中报道，通过署名文章、网络直播、公益广告、专题报道等方式，广泛宣传粮食安全系列活动开展情况，深入报道各地推动节粮减损、发展粮食产业的亮点举措，积极推广科技人才兴粮、保障粮食安全的典型经验，活动影响力和覆盖面持续提升。2021 年 10 月 16 日当天，世界粮食日主会场活动网络直播在线观看量达 330 万、点赞人数 9.6 万，新浪微博相关话题、抖音短视频阅读量（播放量）超过 4 亿。各地结合实际情况，组织开展了“粮食安全点亮城市地标”“粮食微课堂”以及体验劳动、公益作品征集等系列宣传教育活动，积极倡导引领粮食安全人人有责的社会风尚。

（二）充分发挥粮食安全宣传教育基地引领示范作用

科学开展粮食安全宣传教育基地确定发布工作，进一步扩大基地规模和范围，粮食安全宣传教育基地达 1000 余个，实现了全国行政区域全覆盖。各基地结合本单位地域、行业、职能等特色优势，面向不同社会群体，自主开展了职业培训、主题展览、优质粮油产品推介、体验劳动、实景展示、多媒体展示等活动，不断增强宣传教育的感染力和传播力。据不完全统计，2019 年以来，2 批 700 余个粮食安全宣传教育基地，累计向社会公众开放 3 万余天，接待人数近 400 万人次，有效发挥了粮食安全宣传教育载体平台作用。

（三）精心组织开展系列主题宣传教育活动

紧扣粮食和物资储备中心工作，围绕粮食流通依法治理、优质粮食工程、粮食应急保供、粮食节约减损等主题，综合运用专题节目、专家解读、公益视频、公益广告等多种形式，宣传阐释我国粮食安全形势和保障粮食安全的举措成效，增强社会公众对粮食安全保障的信心。2021 年，制作播发公益视频 10 个，发布整版主题公益广告 3 次，开展网络直播 1 次，开设专栏 1 个。通过“粮安记者万里行”主题采访，组织媒体记者深入粮食收购一线、企业加工车间等调研采访，深入宣传党中央、国务院关于粮食安全、乡村振兴的决策部署，报道反映各地促进粮食稳产、农业增效、农民增收的工作举措、经验做法和典型事例，中央广播电视总台等媒体陆续刊播系列报道，推出

《亿亩北大仓“增产”“保护”两不误》等多篇报道。

以《中国粮食经济》为载体，积极宣传国家粮食和物资储备局节粮减损工作。推出了《推进节粮减损保障粮食安全》专题，开设“节粮减损”栏目，宣传我国节粮减损工作取得的成效，交流探讨相关措施举措。通过专家约稿、权威解读、深度报道等方式，推出了一批如《科学储粮开发“无形良田”把节粮减损重任扛在肩上》《多措并举规制粮食损失浪费》《非凡“十三五”全链条推进营造节粮减损新风尚》等优秀文章。“中国粮食经济”新媒体同步推出“粮食安全”“节粮减损”“优粮工程”等话题，“爱粮节粮健康消费”主题报道，积极宣传报道各地全产业链“节粮减损”典型经验以及先进做法。结合《粮食安全流通管理条例》的修订，制作发布“粮食安全流通管理条例”系列图解；结合国际粮食减损大会的召开，制作发布“图说节粮减损成效耕好‘无形良田’助力粮食安全”，多方面及时宣传贯彻国际粮食减损大会精神和《粮食节约行动方案》，宣传成效显著。

撰稿单位：国家粮食和物资储备局办公室、宣传教育中心

撰稿人：孔晶晶、肖赟、关昊

审稿人：方进、肖春阳

专栏16 2021年世界粮食日和全国粮食安全宣传周

2021年10月16日是第41个世界粮食日，主题是"行动造就未来。更好生产、更好营养、更好环境、更好生活"。所在周为全国粮食安全宣传周，主题是："发展粮食产业 助力乡村振兴"。国家粮食和物资储备局会同农业农村部、教育部、科技部、全国妇联，以及联合国粮农组织，在全国范围内组织开展了"发展粮食产业 助力乡村振兴"粮食安全系列宣传活动。宣传周期间，各级粮食和物资储备部门会同农业农村、教育、科技、妇联等部门单位，科学策划、精心组织，深入开展"粮安记者万里行"主题采访、爱粮节粮主题宣教等系列活动。

（一）精心组织全国粮食安全宣传周活动，凝聚助力乡村振兴、保障国家粮食安全的社会共识

10月16日，国家粮食和物资储备局等部门单位与联合国粮农组织，在湖北武汉联合举办2021年世界粮食日和全国粮食安全宣传周主会场活动。湖北省委副书记、省长王忠林，联合国粮农组织驻华代表文康农作了主题致辞；湖北省委常委、常务副省长李乐成出席活动。活动现场发布了第三批70家全国粮食安全宣传教育基地，部分基地代表交流宣讲了发展粮食产业、助力乡村振兴，科技人才兴粮、保障粮食安全的先进事迹，向全社会发出保障粮食安全主题倡议。现场还发布了2021年粮油产品企业标准"领跑者"名单，并为第一批国家级粮食应急保障企业代表授牌。粮食和物资储备系统机关干部、院校师生等500余人参加了主会场活动。宣传周期间，各地结合实际情况发布省级粮食安全宣传教育基地近300家，组织开展"粮安记者万里行"主题采访、"粮食安全点亮城市地标""粮食微课堂"以及体验劳动、公益作品征集等系列宣传教育活动。

（二）充分发挥粮食安全宣传教育基地作用，夯实粮食安全宣传教育平台载体

为更好发挥粮食安全宣传教育基地引领示范作用，按照"科学规划、加强引领、注重实效"的原则，进一步扩大基地确定发布规模和范围，自2019年以来，国家粮食和物资储备局会同有关部门单位共确定发布全国粮食安全宣传教育基地149家，各地确定省级粮食安全宣传教育基地近1000家，实现了全国行政区域全覆盖。同时，积极探索拓展基地类型，聚焦保障粮食安全、助力乡村振兴主题，更加注重大中院校、科研机构等基地评选，大力推动基地发展多样化、特色化，为持续深入开展粮食安全宣传教育拓宽平台抓手。

（三）创新开展粮食安全宣传报道，巩固壮大共同保障粮食安全主流舆论声音

宣传周期间，中央主要媒体对系列活动给予集中报道，广泛宣传我国推动粮食产业高质量发展助力乡村振兴、粮食应急体系初步建成等情况，释放我国粮食安全保障有力的积极信号。中央广播电视总台“新闻联播”播发《我国粮食应急保障体系初步建立》，财经、农业农村频道推出“关注粮食安全”“世界粮食日”2组专题报道；《光明日报》《经济日报》刊发深度报道《让中国饭碗成色更足》《让“中国饭碗”装满优质粮》；《中国日报》、中新社、《农民日报》刊发《中国将为全球粮食安全作出更大贡献》《管好大国粮仓开辟无形良田》等。商业媒体、自媒体积极跟进报道，引发社会高度关注。世界粮食日主会场活动网络直播观看量达330万，新浪微博“第41个世界粮食日”“向粮食英雄致敬”“拒绝食物浪费”等话题阅读量超2.3亿，抖音“世界粮食日”相关短视频播放量达2.1亿。网友纷纷评论“民以食为天，粮食安全，国之根本”“丰收不忘饥苦，富岁当思节约”，营造了厉行节约、维护国家粮食安全的良好社会氛围。

撰稿单位：国家粮食和物资储备局办公室

撰稿人：肖赟、杨婷婷

审稿人：方进

三 定点帮扶、对口支援与援疆援藏

2021年，国家粮食和物资储备局持续打好产业、消费、党建、就业帮扶组合拳，培育出粮食产业高质量发展助力乡村振兴的“阜南样板”，全力帮扶阜南县巩固拓展脱贫攻坚成果同乡村振兴有效衔接取得明显成效。2021年2月，国家粮食和物资储备局扶贫办被党中央、国务院授予“全国脱贫攻坚先进集体”荣誉称号。

（一）定点帮扶

1. 坚决扛牢政治责任，抓紧抓实定点帮扶工作

一是高度重视高位推动。国家粮食和物资储备局党组把定点帮扶工作列入年度工作要点，纳入党史学习教育“我为群众办实事”实践活动重点事项。国家粮食和物资储备局多次召开会议研究定点帮扶工作，到阜南县调研督导，召开粮食产业助力巩固拓展脱贫攻坚成果同乡村振兴有效衔接现场会。分管定点帮扶工作的国家粮食和物资储备局党组成员、副局长梁彦同志召开5次专题会研究推进工作，到阜南县实地调研，指导巩固拓展乡村振兴“阜南样板”，通过支持龙头企业实施优质粮食工程，在全国11个省69个国家级脱贫县推广阜南经验。

二是优化机构齐心协力抓落实。国家粮食和物资储备局扶贫工作领导小组调整为乡村振兴工作领导小组，进一步强化帮扶力量，完善工作机制；坚持5人组团式帮扶，择优选派优秀干部挂职副县长，继续选派1名处级干部任驻村第一书记，3名科级干部在县农业农村局、商务粮食局、乡镇挂职，实现各层级全覆盖。

三是高质量完成帮扶重点任务。国家粮食和物资储备局全局上下担当作为、自我加压，持续用力、提质增效，全年共投入帮扶资金504.3万元、引进帮扶资金9415.6万元，购买脱贫地区农产品587万元、帮助销售559.1万元，国家粮食交易平台设专场帮助阜南县销售优质小麦7.98万吨、2.1亿元，平均每斤价格比最低收购价高出0.2元。其中，引进帮扶资金为2020年的3倍，投入帮扶资金、帮助销售农产品等都有增加，成效持续显现。

2. 聚焦粮食产业，乡村振兴“阜南样板”结出高质量发展硕果

一是从“三小步”到“三大步”，推动产业升级融合发展。2018年起连续三年，支持阜南县深入实施优质粮食工程，完成优质小麦示范种植—规模化种植—就地加工转化“三小步”，助力打赢脱贫攻坚战。2021年，以优质粮源基地、皖西北粮食产业园“一基地一园区”为牵引，实施拓展优质粮源基地—建设粮食产业园—打造皖西北粮食产业集群“三大步”。优质粮源基地从1.5万亩拓展到60万亩，四年翻了40倍，占全县粮食种植面积一半以上，

"第一步"稳步推进；产业园首批30万吨面粉加工厂、10万吨高大平房仓、质量监测中心和产后服务中心项目全部完工，每年助农增收和纳税均将超亿元，引进江南大学科技赋能园区发展，"第二步"起步良好；统筹布局"一平台、两基地、三中心"，谋划打造带动阜南县、辐射皖西北的百亿级特色产业集聚区，强化优质粮食工程产业集聚区，"三链协同"和"五优联动"示范区，"第三步"远景可期。

二是从"小散弱"到"强集聚"，促进小农户同现代农业有效衔接。强化龙头带动，支持中国中化开展60万亩优质小麦订单种植，建成4000平方米现代农技服务中心和27个村级服务站，与当地近百家合作社、家庭农场和13万小农户成立联合体，分工协作、抱团发展，实施"六统一"标准化生产，有效破解龙头企业进不来、县域中小企业长不大的制约瓶颈。强化利益联结，建立"公司+农民合作社+基地+农户"机制，实现亩均增产100多斤，种植成本降低60多元，再以高于市场价5%加价收购，每亩助农增收200元以上，带动4.9万名脱贫群众受益。推动适度规模经营，组织专家论证优选5个小麦良种，在26个乡镇大力推广"一村一品"适度规模经营，推动优质粮食规模化、标准化、集约化、品牌化迈出坚实步伐。

三是从"小切口"到"大作为"，以点带面放大阜南样板成效。832个国家级脱贫县中有258个产粮大县，一产不强、二产不优、三产不活是共性问题。利用在阜南县召开全国深入推进优质粮食工程、加快粮食产业高质量发展第二次现场经验交流会之机，召开粮食产业助力巩固拓展脱贫攻坚成果同乡村振兴有效衔接现场会，深入总结"阜南样板"经验做法。重点支持龙头企业在140个县（其中国家级脱贫县69个）复制推广"阜南样板"，实施优质粮食订单500多万亩，带动100多万小农户稳定增收，为更高层次保障国家粮食安全、全面推进乡村振兴做出积极探索。

3. 聚力就业帮扶，党建项目培训组合拳促进共同富裕

一是突出党建引领，村社合一实现四方共赢。帮扶指导阜南县两个脱贫村党支部创办"党建引领、村社合一"合作社，建立"党建+产业+合作社+脱贫户"利益联结机制，开展粮有袋、菜有篮、油有瓶、蛋有盒、果有箱、蜜有罐"六个有"农产品初加工，短短一年多时间即销售147万元，帮助村集体盈利26万元，带动脱贫户就业39人、平均增收1000余元，实现党支部建强、村集体壮大、脱贫户增收、农产品畅销"四方共赢"。相关经验做法受到党中央领导同志肯定，被国家发展和改革委员会、人民网评为2021年全国消费帮扶助力乡村振兴优秀典型案例和乡村振兴示范案例。

二是强化项目带动，帮扶车间搭建就业平台。近年来累计投入帮扶资金1270万元，帮助村集体建设13个车间、2座光伏电站和1个保鲜库。采取"村集体+车间+企业+脱贫户"模式运营，村集体拥有产权并负责运营，乡镇政府负责监督指导，入驻企业至少招聘10名或者用工总人数30%以上的脱贫户。已

建成的8个车间年均带动500余人就业，其中脱贫户115人，每年增加村集体收入60万元。2021年支持建设的5座就业帮扶车间，可带动245人就业，增加村集体收入40余万元。

三是加强培训支撑，定向培养提升就业能力。结合阜南县乡村振兴实际需要制定培训计划，牵头举办14期培训班，培训各类人员近1700人次，既讲授乡村振兴理论，又针对粮食产业发展以及帮扶车间入驻企业需求，开展订单式技能培训。同时，协调中国中化依托现代农业技术服务中心开展种粮技术培训1150人次，构建多方位、立体化培训格局。

4. 凝聚多方合力，“三个行动”深入推进消费帮扶

一是开展直采帮扶行动，助力解决卖难问题。国家粮食和物资储备局及垂管系统160个单位食堂按照不低于年度采购份额10%的比例采购脱贫地区农副产品，工会福利优先采购阜南县及脱贫地区粮油产品。设立消费帮扶专柜，开展阜南县特色农副产品进机关活动。干部职工购买定点帮扶县农产品9.79万元，结对落实消费帮扶。

二是开展展销帮扶行动，搭建产销对接平台。积极采购和帮助销售阜南县“村社合一”合作社产品，宣传推广“洪河味”“谷河情”品牌。克服疫情不利影响，在阜南县召开的优质粮食工程现场会期间，举办展销会推介阜南县及安徽省其他脱贫县优质特色粮油产品，现场成交32万元。帮助阜南县粮油产品参加2021脱贫地区农副产品产销对接会，75家商家发出意向订单。

三是开展品质品牌提升行动，持续提升帮扶成效。对脱贫地区优质粮油企业予以重点扶持指导，帮助65款脱贫地区产品入选“中国好粮油”。与全国供销合作总社合作，推动“中国好粮油”品牌品质优势与“832平台”渠道优势强强联合，推动设立“中国好粮油”专场，方便预算单位采购优质放心粮油，并专门为阜南县开辟绿色通道，先后帮助当地140款产品上线平台。

（二）对口支援与援疆援藏

一是国家粮食和物资储备局党组把对口支援于都县工作纳入党史学习教育“我为群众办实事”实践活动重点事项，大力支持于都县深入实施优质粮食工程，建成高标准富硒水稻基地2万亩，升级改造国有粮库，创建于都富硒大米区域品牌，注册“雩都大米”商标，成立于都粮油行业协会，同时投入90万元支持建成烘干厂，全力推动富硒大米特色产业加快发展。积极开展消费帮扶，在国家粮食和物资储备局司局单位和垂管系统组织于都特色农产品团购活动，采购超50万元。

二是制定印发“十四五”时期对口支援江西省于都县实施方案，明确9个方面支援举措，着力构建人才、产业、项目、技术等相结合的对口支援工作格局，以更大力度助力于都县全面推进乡村振兴，逐步实现共同富裕。

三是在北京召开全国粮食和物资储备系统对口援藏援疆工作会议，深入学习贯彻习近平总书记关于西藏、新疆工作的重要论述精神，认真落实中央第七次西藏工作座谈会、第三次

中央新疆工作座谈会和第八次全国对口支援新疆工作会议精神，总结工作，部署任务，认真做好“十四五”全系统援藏援疆工作。制定印发国家粮食和物资储备局“十四五”对口援藏和对口援疆工作两个实施意见，突出重点、细化举措，着力推动西藏与新疆粮食和物资储备事业高质量发展。

撰稿单位：国家粮食和物资储备局规划建设司

撰稿人：刘晨

审稿人：钱毅、张保国、晁铭波

第十三部分

对外开放与国际合作

一 粮棉糖进出口

（一）粮食

据海关总署统计，2021 年我国粮食进口 16454 万吨。

1. 大豆

2021 年我国大豆进口 9652 万吨，比上年减少 4%。其中，巴西大豆 5815 万吨，降幅 10%，占比 60%；美国大豆 3230 万吨，增幅 25%，占比 33%；阿根廷大豆 375 万吨，降幅 50%，占比 4%。

2. 小麦

2021 年我国小麦进口 977 万吨，比上年增加 17%。其中，自澳大利亚、美国、加拿大、法国和哈萨克斯坦进口分别为 274 万吨、273 万吨、254 万吨、142 万吨、18 万吨，占比分别为 28%、28%、26%、15%、2%。

3. 玉米

2021 年我国玉米进口 2835 万吨，比上年增加 152%。其中，自美国、乌克兰、保加利亚和俄罗斯进口分别为 1983 万吨、823 万吨、15 万吨、9 万吨，占比分别为 70%、29%、0.5%、0.3%。

4. 稻米

2021 年我国稻米进口 496 万吨，比上年增加 69%。其中，自印度、越南、巴基斯坦、缅甸、泰国、柬埔寨进口分别为 109 万吨、108 万吨、96 万吨、80 万吨、64 万吨、30 万吨，占比分别为 22%、22%、19%、16%、13%、6%。

据海关总署统计，2021 年我国粮食出口 331 万吨，比上年下降 5%。其中，稻米 242 万吨，增加 6%；小麦 8 万吨，下降 54%；大豆 7 万吨，下降 7%。

（二）食用油

2021 年我国食用植物油进口有所增加，全年进口 1039 万吨。其中，棕榈油 465 万吨，与上年基本持平；豆油 112 万吨，增加 16%；菜籽油 215 万吨，增加 12%；葵花油 128 万吨，下降 34%。

我国食用植物油出口较少。2021 年出口 12 万吨，比上年下降 29%。其中，豆油 7.0 万吨，下降 35%。

（三）棉花

据海关总署统计，2021 全国累计进口棉花 214.7 万吨，同比下降 0.5%。从进口来源国看，美国位居首位，进口量 83 万吨（占 39%），下降 15%；其他主要来源国依次为巴西（64.36 万吨，占 30%）、印度（41.13 万吨，占 19%）、布基纳法索（3.64 万吨，占 1.70%）、贝宁（3.57 万吨，占 1.66%）、澳大利亚（3.49 万吨，占 1.62%）、苏丹（2.64 万吨，占 1.23%）。

（四）食糖

据海关总署统计，2021 年全国累计进口食糖 567 万吨，较上年增长 8%。从进口来源国看，巴西位居首位，进口量 469 万吨（占 83%），其他主要来源国为阿联酋（23 万吨，占 4%）、古巴（21 万吨，占 4%）。

二 对外交流与合作

（一）成功举办国际粮食减损大会

为贯彻落实习近平主席在二十国集团领导人第十五次峰会上提出的“适时召开国际粮食减损大会”重要倡议，2021 年 9 月 9 日至 11 日，农业农村部、国家发展和改革委员会、国家粮食和物资储备局与山东省人民政府共同配合，在济南成功举办了国际粮食减损大会。此次会议是新冠肺炎疫情以来我国粮农领域主办的一次最有影响的国际会议，得到了国际社会广泛响应，具有参会国家多、规格高、代表性广、关注度高等特点。大会取得圆满成功，达成了行动减损、机制减损、平台减损、生产减损、收获减损等 10 项减损共识成果，通过了《国际粮食减损大会济南倡议》。

（二）积极推动亚太粮食安全合作

国家粮食和物资储备局作为亚太经合组织（APEC）粮食安全政策伙伴关系机制（PPFS）中国政府代表单位，充分发挥牵头作用，协调农业农村部、中粮集团、中国粮食行业协会、中国食品土畜进出口商会、国家粮食和物资储备局科学研究院等单位组成 PPFS 中国代表团，圆满完成 APEC/PPFS 全体会议、专业研讨会等多项参会任务，向亚太各经济体宣介中国在粮食产后管理、粮食电子交易平台发展等方面的进展成就，并积极推动完成 APEC 粮食安全愿景文件的制定。《APEC 面向 2030 粮食安全路线图》（以下简称《路线图》）是 APEC 粮食安全领域重要的愿景文件。国家粮食和物资储备局深入参与《路线图》磋商会议，广泛征求国内相关部门意见，与各 APEC 经济体积极交流讨论，高效推动完成了《路线图》的制定和通过，为提升亚太地区粮食安全合作水平做出了积极贡献。

（三）持续开展中非粮食安全合作

为深入贯彻习近平总书记关于促进中非全面战略合作的重要指示，落实中非合作论坛北京峰会“八大行动”及中非合作论坛第八届部长级会议“九项工程”，国家粮食和物资储备局积极推动中非粮食安全合作，会同我驻非盟使团，与非盟委员会农业司开展线上工作会谈，就落实双方关于加强粮食领域合作的谅解备忘录，推进中非粮食安全合作相关工作进行了探讨和交流。2021年9月，非盟农业委员萨科代表非盟委员会在国际粮食减损大会开幕式环节致辞，感谢国家粮食和物资储备局为推动中非粮食安全合作付出的努力。

（四）推动实现联合国2030年可持续发展目标

受新冠肺炎疫情影响，2021年全球贫困人口倍增，粮食系统的脆弱性可能造成严重影响，联合国召开粮食系统峰会，推动实现农业粮食系统转型，推动实现联合国2030年可持续发展目标。国家粮食和物资储备局积极参与落实相关工作，加强与联合国驻华国别小组、联合国世界粮食计划署（WFP）中国办公室、联合国粮农组织（FAO）驻华代表处、国际农业发展基金（IFAD）驻华代表处等联合国驻华机构的交流与合作，积极参加推动实现联合国2030年可持续发展议程的多边讨论，宣介分享中国在推动粮食产业高质量发展、保障粮食安全方面的政策举措。主持国家粮食安全与可持续发展对话研讨会粮食产后减损议题。作为中国代表团成员，参加联合国粮食系统峰会及预会。积极承担落实2030年可持续发展议程部际协调机制成员职责。

（五）推进粮食领域南南合作深入开展

国家粮食和物资储备局在与WFP合作谅解备忘录框架下深化粮食领域南南合作，不断推动与其他发展中国家分享中国粮食领域经验、技术和成果。联合WFP中国办公室在浙江、江苏、山东等地调研我国粮食仓储设施的新能源利用和粮食产业信息化建设情况，推动将中国现代化储粮管理技术和经验纳入南南合作框架；支持WFP中国办公室召开中非稻米价值链研讨会，主持稻米储备与加工专题研讨；实施合作项目，开展肯尼亚制粉和营养强化及粮食产后管理和减损培训；为加纳小农户电子商务准入项目提供专业技术支持；就中国科学储粮与粮食储备体系开展联合专题研究。

（六）加强“一带一路”双边交流合作

强化与“一带一路”相关国家在粮食领域的交流与合作。与乌克兰、加拿大、日本、阿联酋、乌拉圭等国家粮食主管部门、驻华使馆和粮食企业保持沟通，重点在减少粮食损失浪费体制机制、法律法规、技术手段等方面加强交流。积极推进双边政企合作与交流，新加坡丰益国际集团董事局主席、益海嘉里集团董事长郭孔丰到访国家粮食和物资储备局，双方就我国粮油产业高质量发展和深入推进优质粮食工程等方面开展交流。支持鼓励我国有关企业参与“一带一路”建设，开展粮食领域合作。帮助北大荒、黑龙江农垦、西安爱菊等企业开展“一带一路”粮食合作，依托中哈农产品贸易与合作工作组会议，助力我国企业打造海外粮仓。

（七）创新开展粮食科技国际学术交流

为扎实推动我国粮食行业科研技术国际交流与合作，国家粮食和物资储备局通过线上线下相结合的方式举办了中奥粮食安全科技研讨会、亚洲合作对话框架下绿色生态储粮技术研修班；在线上举办了国际标准化组织谷物与豆类分委员会第41次会议、后疫情时代粮食产业发展与健康升级学术研讨会等粮油领域科技学术会议。派出专业学者及技术人员，在线参加了由国际食品法典食品污染物委员会、国际食品法典油脂委员会、国际标准化组织、国际谷物科技协会、美国油脂化学家协会等国际粮油领域科技学术组织召开的专业会议。通过广泛的学术交流，及时掌握国际相关领域最新发展动态，创新国际交流合作思路方法，提升我国粮食领域科研技术水平。

（八）做好粮食行业引进国外智力项目工作

国家粮食和物资储备局严格把关，积极推动粮食行业科研单位向科技部申报引进外国智力项目。2021年，科技部批复中粮营养健康研究院有限公司国家引才引智示范基地项目1项，高端外国专家引进计划“健康食堂关键技术研究与示范项目”1项。外国专家通过在线方式，就健康配餐、数字化管理、科普教育等一揽子健康餐厅关键技术相关内容开展了专题报告和学术交流，有效推动了项目单位营养健康食堂的建设工作。

撰稿单位：国家粮食和物资储备局外事司

撰稿人：胡瑶庆、张怡

审稿人：曹颖君

附 录

一 2021 年大事记

一月

1 月 8 日，国家粮食和物资储备局召开机关新任司处级干部集体谈话会。

1 月 8 日，国家粮食和物资储备局举行新任司处级国家工作人员宪法宣誓仪式。

1 月 12 日，全国粮食和物资储备工作视频会议召开。会议以习近平新时代中国特色社会主义思想为指导，深入贯彻党的十九大和十九届二中、三中、四中、五中全会精神，认真落实中央经济工作会议和中央农村工作会议部署，按照全国发展和改革工作会议要求，全面总结“十三五”成效，准确把握“十四五”思路，部署 2021 年粮食流通和物资储备工作。

1 月 25 日，国家粮食和物资储备局召开 2021 年春节及“两会”期间粮油市场保供稳市工作视频会议。会议深入贯彻习近平总书记重要指示批示精神，认真落实国务院常务会议和联防联控机制安排，通报国家粮食和物资储备局应对疫情应急保供工作情况，重点部署 2021 年春节及“两会”期间粮油保供稳市工作。

1 月 28 日，国家粮食和物资储备局召开优质粮食工程视频会，调度交流优质粮食工程实施成效、经验做法，对下步深入推进作出安排部署。

1 月 28 日，国家粮食和物资储备局召开专家研讨会，围绕深入贯彻习近平总书记有关重要指示精神，加快推进粮食节约减损立法工作进行座谈研讨。

二月

2 月 3 日，国家粮食和物资储备局党组与驻国家发展改革委纪检监察组围绕 2020 年度全面从严治党工作会商。

2 月 4 日，国家粮食和物资储备局召开各司局、直属联系单位 2020 年度集中述职述廉会议。

2 月 5 日，国家粮食和物资储备局召开垂直管理局 2020 年度集中述职述廉视频会议。

2 月 6 日，国家粮食和物资储备局北京局举行揭牌仪式。

2 月 8 日，国家粮食和物资储备局召开局机关 2020 年度工作总结表彰会议。

春节前夕，国家粮食和物资储备局领导分别以电话等方式慰问了白美清、聂振邦、朱长国、郄建伟、杨兵、张桂凤、吴子丹、赵忠权、曾丽瑛、韩卫江、肖贵林等老领导老同志，致以诚挚的新春祝福和美好祝愿。

2 月 23 日，国家粮食和物资储备局党组召开扩大会议，传达学习贯彻习近平总书记在党史学习教育动员大会上的重要讲话精神，对开展好党史学习教育作出部署安排。

三月

3 月 10 日，国家粮食和物资储备局召开全面从严治党工作会议。深入学习贯彻习近平总书记在十九届中央纪委五次全会上的重要讲话精神，认真落实中央和国家机关党的工作暨纪检工作会议部署，全面总结2020年特别是全系统党的建设和党风廉政建设会议以来的工作进展成效，分析研判当前形势，安排部署2021年全面从严治党各项任务。

3月16日至18日，国家粮食和物资储备局在河南召开实行党政同责强化落实粮食安全省长责任制考核座谈会，并就夏粮生产形势进行调研。

3月17日至19日，国家粮食和物资储备局在河南郑州举办局党组第四轮巡视专题培训，深入学习贯彻习近平总书记关于巡视工作的重要论述，贯彻落实党中央关于巡视工作新部署新要求，切实提高巡视干部专业能力素质。

3月18日，国家粮食和物资储备局召开定点帮扶安徽省阜南县工作座谈会。

3月19日，国家粮食和物资储备局召开“实行党政同责强化落实粮食安全责任制”专家咨询论证会。国家粮食安全政策专家咨询委员会王春正顾问、陈锡文顾问、赵中权副主任委员等有关专家出席会议，并就研究起草的相关文件代拟稿发表了咨询意见建议。

3月22日至27日，国家粮食和物资储备局在中央民族干部学院，分两期举办全局司处级干部培训班，深入学习贯彻习近平总书记在党史学习教育动员大会上的重要讲话精神，学习贯彻党的十九届五中全会精神。

3月25日，国家粮食和物资储备局党组召开第四轮巡视工作动员会，部署对国家粮食和物资储备局内蒙古、辽宁、吉林、安徽、江西、河南、湖南、广西、云南、甘肃、宁夏、新疆局分党组开展常规巡视。

3月29日至31日，国家粮食和物资储备局在山东德州召开全国粮食和物资储备系统军粮供应工作会议暨主副食集约化保障现场会。

3月30日，国家粮食和物资储备局在中国储备粮管理集团有限公司召开2020年度中央储备粮棉管理和中央事权粮食政策执行情况考核动员部署会议。

3月31日，国家粮食和物资储备局召开垂管系统安全生产视频会议，认真传达李克强总理关于安全生产工作重要批示和国务院安全生产委员会全体会议、全国安全生产电视电话会议精神，部署安全生产和专项工作。

四月

4月8日，《粮食流通管理条例》贯彻实施座谈会在北京召开，会议围绕宣传贯彻《条例》对于“牢牢把住粮食安全主动权”的重要意义和《条例》修订主要内容进行了深入座谈。

4月21日，国家粮食和物资储备局举办2021年全国政策性粮油库存检查视频培训。

五月

5月7日，国家粮食和物资储备局召开对口支援江西省于都县工作座谈会。

5月10日，国家粮食和物资储备局召开全国夏粮收购工作视频会议，分析研判夏粮收购形势，安排部署收购工作。

5月19日，国家粮食和物资储备局召开乡村振兴工作领导小组2021年第一次全体会议，认真学习贯彻习近平总书记关于定点帮扶工作的重要指示以及全国东西部协作和中央单位定点帮扶工作推进会精神，研究部署2021年定点帮扶工作。

5月20日至21日，国家粮食和物资储备局党组举办理论学习中心组学习扩大会暨《粮食流通管理条例》贯彻实施培训班，深入学习习近平法治思想，认真落实党中央关于依法行政、建设法治政府的部署要求，贯彻实施新修订出台的《粮食流通管理条例》。

5月24日，国家粮食和物资储备局与四川省人民政府在成都签署共同保障国家粮食安全推进粮食和物资储备事业高质量发展战略合作协议。

5月24日，2021年全国粮食和物资储备科技活动周启动仪式在四川成都举行。

5月24日，国家粮食和物资储备局在四川成都召开2021年全国粮食和物资储备系统科技和人才兴粮兴储现场经验交流会议。

5月27日，国家粮食和物资储备局在福建省龙岩古田干部学院举行干部党性教育培训基地签约揭牌仪式。

六月

6月7日，中共中央政治局常委、国务院副总理韩正同志到国家粮食和物资储备局调研并主持召开座谈会，深入学习习近平总书记关于确保粮食安全的重要讲话和指示批示精神，总结粮食和物资储备改革发展情况，研究部署有关重点工作。

6月8日，党史学习教育中央第十九指导组与局党史学习教育领导小组见面，指导组组长郭庆平传达党史学习教育中央指导组培训会议精神，并对下一步工作提出要求。

6月9日，国家粮食和物资储备局主持召开第122次局党组（扩大）会议，认真传达学习中共中央政治局常委、国务院副总理韩正同志在国家粮食和物资储备局调研座谈重要讲话精神，研究贯彻落实的意见和分工方案，部署安排重点工作举措，着力增强国家粮食安全和战略应急物资储备安全保障能力。

6月10日，国家粮食和物资储备局召开全国粮食流通“亮剑2021”专项执法行动暨夏粮收购监督检查动员部署视频会。

6月18日，国家粮食和物资储备局召开垂管系统安全生产视频会议，认真传达贯彻习近平总书记关于加强安全生产工作的重要指示、李克强总理等领导同志重要批示和全国安全生产电视电话会议精神，部署当前和今后一个时期安全生产重点工作。

6月21日，国家粮食和物资储备局对中国储备粮管理集团有限公司开展2020年度总体情况考核。

6月21日，国家粮食和物资储备局召开党史学习教育指导动员会，部署对各司局、单位党组织和各垂管局分党组党史学习教育工作开展检查指导。

6月22日，国家粮食和物资储备局在安徽省阜南县召开全国深入推进优质粮食工程加快粮食产业高质量发展第二次现场经验交流会。

6 月 22 日，国家粮食和物资储备局隆重举行“光荣在党 50 年”纪念章颁发仪式，向老党员代表颁发纪念章。

6 月 22 日，国家粮食和物资储备局发布《国家粮食和物资储备局公告》（2021 年第 2 号），按照国务院常务会议关于做好大宗商品保供稳价工作部署，国家粮食和物资储备局分批投放铜、铝、锌等国家储备。

6 月 23 日至 24 日，国家粮食和物资储备局在山东泰安主持召开实行粮食安全党政同责制定考核办法研讨会和粮食安全立法修规工作座谈会。

6 月 23 日，国家粮食和物资储备局在安徽省阜南县召开定点帮扶和对口支援挂职干部座谈会。

6 月 25 日，国家粮食和物资储备局“粮储心向党奋斗新征程”庆祝中国共产党成立 100 周年书画展开幕。

6 月 27 日，国家粮食和物资储备局、重庆市人民政府共同主办的 2021 年“全国食品安全宣传周 · 粮食质量安全宣传日”主会场活动在重庆举行。

6 月 29 日，国家粮食和物资储备局召开大会，表彰全局全系统创建模范机关先进单位、先进个人和国家粮食和物资储备局优秀共产党员、优秀党务工作者、先进基层党组织。

6 月 29 日，国家粮食和物资储备局召开“赓续辉煌成就谱写粮安新篇”专题座谈会。

七月

7 月 1 日，国家粮食和物资储备局认真组织全局全系统干部职工，通过多种方式收听收看中国共产党成立 100 周年大会盛况，第一时间学习领会习近平总书记重要讲话精神。

7 月 2 日，国家粮食和物资储备局党组召开扩大会议，认真学习贯彻习近平总书记在庆祝中国共产党成立 100 周年大会上的重要讲话精神，研究审议深入学习贯彻的实施方案。

7 月 15 日，国家粮食和物资储备局组织党员干部赴国家博物馆，参观“让党中央放心、让人民群众满意——新时代中央和国家机关党的建设成就巡礼展”，各基层党组织优秀党务工作者、专兼职党务干部等近 100 名党员干部参观展览。

7 月 23 日，国家粮食和物资储备局党组理论学习中心组赴中国共产党历史展览馆，参观“不忘初心、牢记使命——中国共产党历史展览”，开展“重温百年奋斗路、坚定信仰再出发”党史学习教育主题党日活动。

7 月 26 日至 27 日，国家粮食和物资储备局党组理论学习中心组举办党史学习教育专题读书班，集体研读习近平总书记在庆祝中国共产党成立 100 周年大会上的重要讲话，深入开展交流研讨。

7 月 31 日，国家粮食和物资储备局召开全国粮食和物资储备改革发展视频会，深入贯彻习近平总书记“七一”重要讲话精神和党中央、国务院关于做好下半年经济工作的重要部署，认真落实韩正副总理到国家粮食和物资储备局调研座谈重要讲话精神，以及上半年发展改革形势通报会有关精神，总结上半年成效，分析当前形势，部署下半年工作，确保如期完成全年目标任务，更好推进粮食和物资储备高质量发展。

八月

8 月 26 日，全国粮食和物资储备系统对口援藏援疆工作会议在北京召开。

九月

9 月 16 日，国家粮食和物资储备局召开全国秋粮收购工作视频会议，传达贯彻秋粮收购有关政策和文件精神，分析研判收购形势，安排部署收购工作。

9 月 17 日，国家粮食和物资储备局对北京市中秋国庆“两节”期间粮油市场供应保障工作开展调研。

9 月 23 日至 27 日，国家粮食和物资储备局先后在河北石家庄、四川成都召开部分省份粮食购销领域腐败问题专项整治工作专题座谈会，并开展督导调研。

十月

10 月 8 日，国家粮食和物资储备局召开全系统“以案为鉴”警示教育大会。会议深入贯彻习近平总书记关于全面从严治党的重要论述精神，通报全局全系统严重违纪违法典型案件和突出问题，深入剖析、举一反三，以案为鉴、以案促治，教育引导广大党员干部知敬畏、存戒惧、守底线，推动党风廉政建设和反腐败斗争向纵深发展。

10 月 13 日，国家粮食和物资储备局召开垂管系统储备仓库安全治理提升三年行动动员部署视频会，认真贯彻落实习近平总书记关于安全生产重要论述，贯彻落实韩正副总理在国家粮食和物资储备局调研座谈时重要讲话精神，对垂管系统储备仓库安全治理提升三年行动作出部署。

10 月 15 日至 16 日，国家粮食和物资储备局在湖北召开全国粮食应急保障体系建设现场经验交流会，深入贯彻习近平总书记关于保障国家粮食安全的重要指示精神，认真总结推广新冠肺炎疫情期间粮食应急保供行之有效的做法，进一步加强粮食应急保障体系建设。

10 月 16 日，国家粮食和物资储备局、农业农村部、教育部、科技部、全国妇联，湖北省人民政府以及联合国粮农组织在湖北武汉联合主办 2021 年世界粮食日和全国粮食安全宣传周主会场活动。

10 月 17 日，国家粮食和物资储备局召开部分省份粮食和物资储备局局长座谈会，听取贯彻落实中央领导同志重要指示精神的情况，以及根治粮食购销领域系统性腐败的意见建议。

十一月

11 月 3 日，国家粮食和物资储备局召开 2021 年垂管系统所属企业专项审计整改落实暨下轮专项审计动员部署视频会议。

11 月 12 日，国家粮食和物资储备局举行新办公区升旗仪式，以此为标志，国家粮食和物资储备局月坛北街 25 号院新办公区正式启用。

11月12日，国家粮食和物资储备局召开党组（扩大）会议，认真传达学习党的十九届六中全会精神。

十二月

12月2日，国家粮食和物资储备局召开粮食购销领域腐败问题专项整治工作调度督导视频会议，深入贯彻落实习近平总书记重要批示精神和中央纪委国家监委关于粮食购销领域腐败问题专项整治工作的部署要求，认真落实国务院常务会议关于做好秋粮收购工作的有关安排部署，调度督导各地专项整治自查自纠、粮食流通“亮剑2021”专项执法行动、2021年秋粮收购等工作开展情况。

12月3日，国家粮食和物资储备局举行深入学习贯彻党的十九届六中全会精神宣讲报告会。

12月9日，国家粮食和物资储备局召开定点帮扶安徽省阜南县工作座谈会。

12月28日，全国粮食和物资储备工作会议召开。会议以习近平新时代中国特色社会主义思想为指导，深入落实党的十九大和十九届历次全会精神，认真传达贯彻中央经济工作会议、中央农村工作会议精神，以及全国发展和改革工作会议精神，总结2021年粮食和物资储备工作，部署2022年重点任务。会议传达了李克强总理、韩正副总理、胡春华副总理的重要批示。

12月29日，国家粮食和物资储备局安全生产领导小组召开全体会议。会议认真贯彻落实习近平总书记关于安全生产重要论述，贯彻落实国务院安委会有关工作部署，听取2021年度安全生产工作汇报，审议安全生产监督管理相关规章制度，推动落实储备仓库安全治理提升三年行动，分析安全生产形势，部署安全生产工作。

撰稿单位：国家粮食和物资储备局办公室

撰稿人：薄传敏、张宇阳、刘江波、马雯婧、李冬良、王家民、李明建

审稿人：方进

二 2021/2022年度国际粮油市场回顾

根据联合国粮农组织2022年2月份数据，预计2021/2022年度全球谷物产量27.93亿吨，同比增加2202万吨、增幅0.8%，创历史新高，但增幅较小。玉米是拉动谷物产量增长的主要动力，大米产量同比小幅增加，但小麦产量略降。预计全球谷物消费量28.05亿吨，同比增加4304万吨和1.6%，创历史纪录，小麦、玉米和大米消费均呈增长态势。预计谷物贸易量4.81亿吨，同比增加201万吨、增幅0.4%，其中小麦和大米贸易量持续增长，但

玉米贸易量下降。预计全球谷物期末库存 8.24 亿吨，同比下降 155 万吨、降幅 0.2%，但总体供应状况仍处于正常水平。其中玉米库存上升较多，大米小幅增加，小麦小幅下降。

（一）小麦

预计 2021/2022 年度全球小麦产量 7.76 亿吨，同比减少 52 万吨，降幅 0.1%。其中美国、加拿大春小麦产区干旱，导致两国春小麦产量显著下降；俄罗斯小麦产区天气状况较差，小麦减产；欧盟小麦产量虽然增长，但法国小麦质量下降，符合制粉标准的小麦数量减少；澳大利亚产区有利降雨充足，小麦产量处于历史较高水平。预计小麦消费量 7.76 亿吨，同比增加 1413 万吨、增幅 1.9%。食用消费刚性增长；欧盟、美国、加拿大等国家和地区因小麦质量下降，饲料需求上升较多。中国饲料粮供应提高，小麦饲用消费同比减少。阿根廷小麦出口旺盛，国内价格较高，对饲用需求形成抑制。预计小麦贸易量 1.93 亿吨，同比增加 370 万吨、增幅 2%。亚洲近东地区国家小麦减产，进口需求旺盛，阿根廷、澳大利亚和乌克兰出口均创历史纪录，欧盟出口也将增加。加拿大、美国和俄罗斯出口缩减，其中俄罗斯实行出口配额，将对 2022 年 2 月中旬后的出口形成制约。预计全球小麦期末库存 2.87 亿吨，同比下降 37 万吨、降幅 0.1%，其中美国、加拿大、俄罗斯、欧盟主要出口国或地区库存水平降幅较大，澳大利亚和乌克兰库存增加。

2021 年国际市场小麦价格呈上涨走势，芝加哥期货市场小麦价格全年涨幅 20%，振幅（全年低点至高点，下同）44%。1—7 月上旬小麦价格呈波动走势，俄罗斯、乌克兰冬季谷物状况良好，阿根廷天气状况有利于小麦播种，市场对全球小麦产量持较高预期。加上

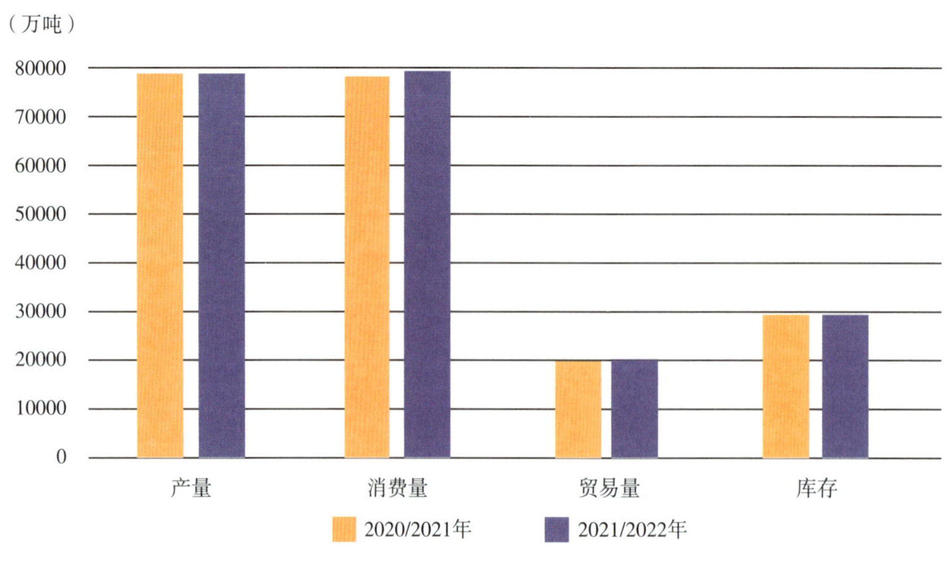

图 1　全球小麦供求及贸易情况

2020 年全球小麦产量增加，市场供应充足。7 月上旬—12 月小麦价格上涨。受不利天气影响，美国、俄罗斯、加拿大小麦实际产量同比明显下降，欧盟产量虽然上升，但因收获季节多雨天气，导致小麦质量下降，全球高蛋白品种小麦供给减少。小麦饲用前景看好，对小麦价格形成支撑。亚洲部分国家采购澳大利亚和黑海地区小麦数量明显增加。澳大利亚小麦价格创历史新高，欧洲小麦创 2008 年以来最高。

（二）玉米

预计 2021/2022 年度全球玉米产量 12 亿吨，同比增加 4260 万吨和 3.7%。美国玉米产量增加，乌克兰产量达到创纪录水平。预计全球粗粮产量 15.01 亿吨，同比增加 1915 万吨、增幅 1.3%。粗粮产量增幅小于玉米，主要是受到大麦减产影响。其中加拿大和俄罗斯产区干旱，大麦减产幅度较大。预计全球玉米消费量 12 亿吨，同比增加 2960 万吨、增幅 2.5%。全球玉米饲料需求持续增长，美国和巴西玉米乙醇消费强劲。预计全球粗粮消费量 15.1 亿吨，同比增加 1981 万吨、增幅 1.3%。预计玉米贸易量 1.86 亿吨，同比减少 470 万吨、降幅 2.5%。中国玉米进口需求减弱，巴西和美国出口减少，但阿根廷和乌克兰出口增加。预计全球粗粮贸易量 2.35 亿吨，同比减少 354 万吨、降幅 1.5%。加拿大和俄罗斯大麦出口显著下降，但乌克兰出口量增加。预计全球玉米期末库存 2.94 亿吨，同比增加 780 万吨、增幅 2.7%。中国和美国库存增长，支撑全球库存上升。预计全球粗粮库存 3.49 亿吨，同比减少 146 万吨、降幅 0.4%。粗粮库存下降主要是受到大麦和高粱库存减少的影响。

2021 年国际市场玉米价格振荡上涨，芝

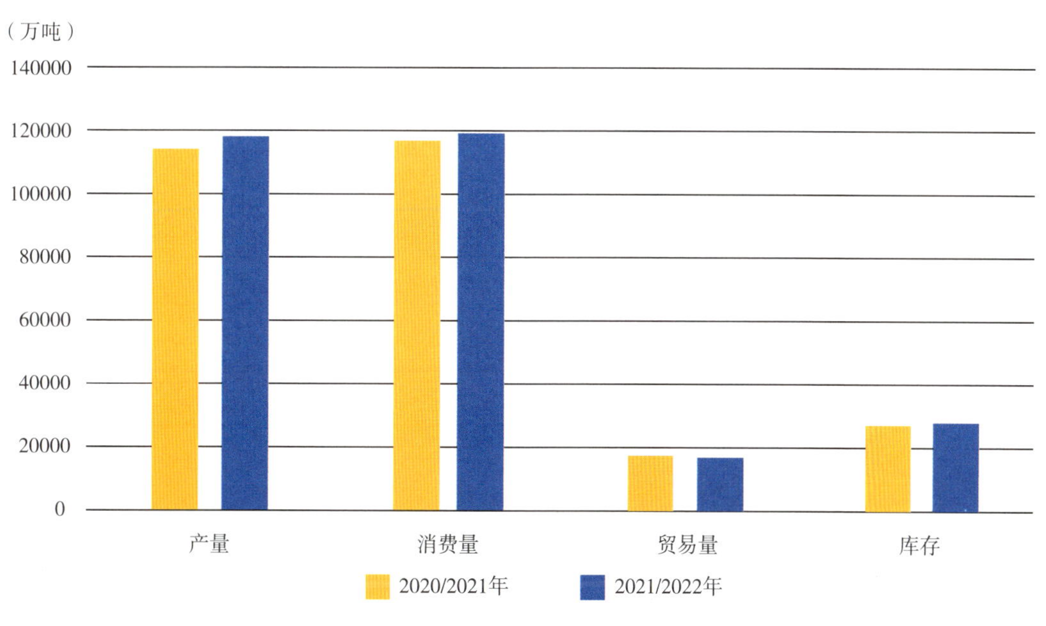

图 2　全球玉米供求及贸易情况

加哥期货市场玉米价格全年涨幅 22%，振幅达到 51%。总体看，国际市场玉米价格运行分为 3 个阶段：1—5 月中旬价格明显上涨，主要消费国饲料、工业及出口需求均较强劲，美国玉米出口旺盛。巴西二季玉米播种明显慢于正常年份，关键生长期缺乏降雨，分析机构普遍下调巴西玉米产量预期，该国玉米实际减产幅度达 15%。5 月中旬　10 月中旬价格走低，主要原因，一是美国中西部天气条件较好，有助于玉米增产；二是美国玉米上市期，飓风对美国出口形成不利影响；三是美国乙醇产量低于预期，生物燃料对价格支撑作用减弱；四是中国生猪养殖亏损，分析机构下调需求预期。10 月中旬—12 月价格回升，主要原因，一是小麦价格走势较强，比价效应对玉米价格形成支撑。二是能源价格上涨，提振燃料乙醇需求，玉米工业需求强劲。三是化肥价格高企，对玉米播种面积存在抑制作用。四是南美天气干旱，市场担心玉米产量受到影响。

（三）大米

预计 2021/2022 年度全球大米产量 5.17 亿吨，同比增加 339 万吨、增幅 0.7%，创历史最高。印度种植面积增加，加上产区天气状况良好，产量增长较多；印度尼西亚产量在 2020 年因灾减产基础上回升，但播种面积低于预期，该国政府预计只能恢复部分产量。泰国和越南产量变化不大。预计全球大米消费量 5.2 亿吨，同比增加 910 万吨、增幅 1.8%，创历史纪录。食用消费是拉动增长的主要动力，亚洲地区大米工业和饲料消费高于预期。预计全球大米贸易量 5306 万吨，同比增加 185 万吨、增幅 3.6%。中国和斯里兰卡进口量高于预期。预计全球大米期末库存 1.88 亿吨，同比增加 28 万吨、增幅 0.2%，创历史新高，其中印度库存增长比较明显。

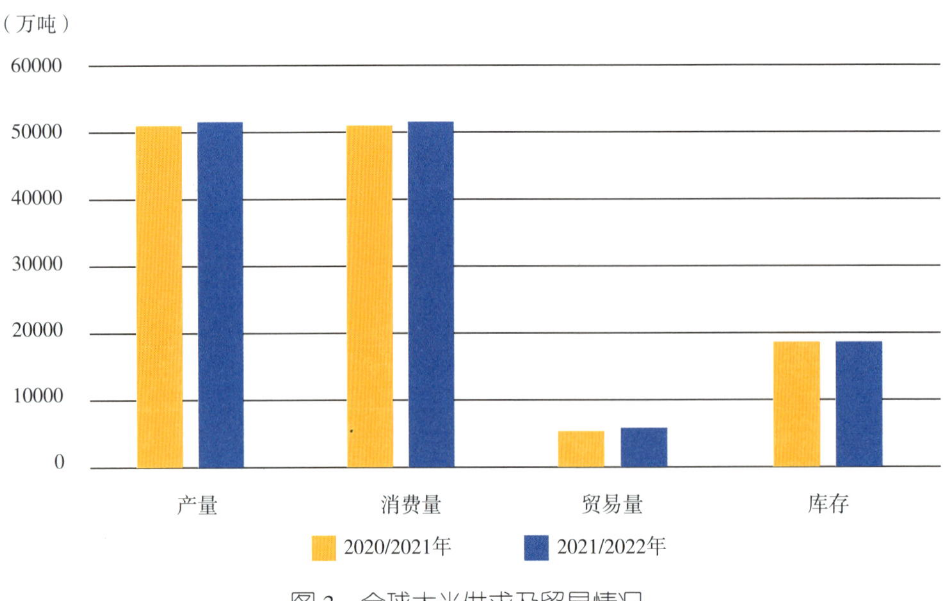

图 3　全球大米供求及贸易情况

2021年国际市场大米价格波动走低，泰国大米价格全年跌幅25%，越南大米全年跌幅20%。国际市场大米价格运行分为两个阶段：1—7月价格下跌，国际货运集装箱供应短缺，造成泰国和越南出口合同履行推迟。其中越南大米出口受到巴基斯坦和印度大米的竞争压力，且因运输成本上涨，出口收益下降，贸易商收购大米意愿降低。2021年上半年泰国大米出口同比减少21%，越南大米出口同比减少14.8%。8—12月价格止跌。主要原因是非洲和中东地区订购量增加，出口同比改善。2021年泰国大米出口量610万吨，同比增加6.7%。越南政府增加国内储备，对大米价格形成支撑。2021年越南大米出口量620万吨，同比减少0.5%。

（四）大豆

预计2021/2022年度全球大豆产量3.68亿吨，同比增加90万吨和0.3%，创历史纪录。其中美国大豆产量处于历史高位，但受不利天气影响，南美大豆产量低于预期。预计全球大豆消费量3.73亿吨，同比增加430万吨、增幅1.2%。受饲料及生物柴油需求强劲拉动，美国大豆压榨量增加，但巴西国内大豆消费增长平缓。预计全球大豆贸易量1.65亿吨，同比增加440万吨、增幅2.7%。预计全球大豆期末库存4870万吨，同比下降190万吨、降幅3.8%。

2021年国际市场大豆价格年初和年末价格变化不大，但波动较为剧烈。芝加哥期货市场大豆价格全年涨幅2%，振幅达到41%。总体看，国际市场大豆价格运行分为3个阶段：1—5月中旬价格明显上涨，当时阿根廷大豆产区降雨偏少，大豆产量下降。巴西大豆收获进度明显慢于正常年份，集中上市期推迟，导致美国大豆出口旺盛，库存降至过去5年来最

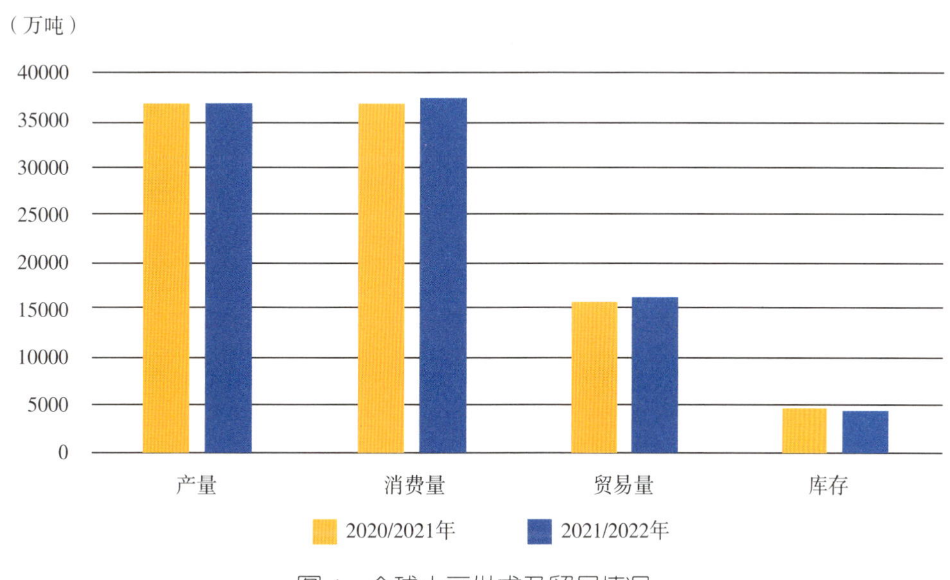

图4 全球大豆供求及贸易情况

低。我国生猪养殖业从非洲猪瘟疫情中复苏，大豆进口需求旺盛。供需形势的变化推动国际市场大豆价格走高。5月中旬—10月中旬价格走低，主要原因是巴西大豆集中上市，产量创历史纪录。同时，受进口成本大幅上升影响，我国大豆压榨亏损，企业进口意愿下降，进口低于市场预期。10月中旬—12月价格回升，主要原因是全球通胀预期上升，南美天气干旱，巴西大豆产量受到较大影响。

撰稿单位：国家粮油信息中心

撰稿人：李云峰

审稿人：王晓辉、刘冬竹

三 联合国粮农组织（FAO）2022/2023年度全球粮食形势展望

联合国粮农组织（Food and Agriculture Organization of the United Nations，以下简称FAO）于2022年6月发布了最新全球粮食展望报告。

FAO初步预测，与2021年的历史最高产量相比，2022年全球谷物产量或将下降1600万吨，达到27.84亿吨（其中稻米以碾米计）。这将是全球谷物产量4年来的首次下降。主要

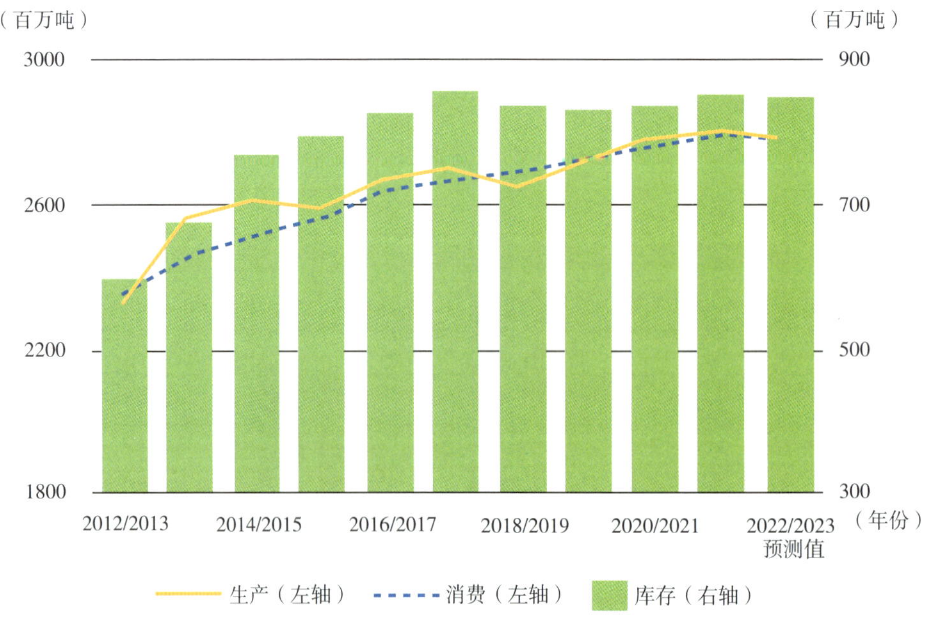

图5 全球谷物生产、消费与库存情况

减产因素是玉米，其次是小麦和稻米。

2022/2023 年度全球谷物消费量预计较上年度下降 0.1%，达到 27.88 亿吨。这将是 20 年来谷物消费量首次出现下降。主要原因是预计小麦、粗粮和稻米饲用消费量下降，小麦和稻米工业消费量预计也将小幅下降。随着全球人口的持续增长，全球谷物食用消费量预计上升。

2022/2023 年度全球谷物库存预计比期初水平下降 0.4%，达到 8.47 亿吨。按照目前的消费量和库存预测，全球谷物库存消费比将从 2021/2022 年度的 30.5 %下降到 2022/2023 年度的 29.6%，为 2013/2014 年度以来的最低点。库存降幅最大的是玉米。大麦和稻米的库存预计也将下降，小麦和高粱库存可能上升。

全球谷物贸易量有望跌至 3 年来的最低点，约为 4.63 亿吨，比 2021/2022 年度低 2.6%。主要由于粗粮和小麦的贸易量预计下降，稻米贸易量预计上升。

表 1　全球谷物供需概况

	2020/2021 年度	2021/2022 年度估计值	2022/2023 年度预测值	2022/2023 年度较 2021/2022 年度变化
	百万吨			%
全球情况				
生产	2776.9	2800.8	2784.5	-0.6
贸易	479.3	475.4	462.8	-2.6
总消费	2760.7	2791.6	2788.2	-0.1
食用	1166.4	1179.2	1191.3	1.1
饲用	1038.6	1046.3	1033.7	-1.2
其他用途	555.6	566.2	563.2	-0.5
期末库存	833.2	850.1	846.6	-0.4
供需指标				
人均食用消费：				
全球（公斤 / 年）	149.6	149.7	149.8	0.0
低收入缺粮国家(公斤 / 年)	156.0	155.1	155.3	0.1
全球库存消费比（%）	29.8	30.5	29.6	
主要出口国库存消费（%）	18.4	19.8	20.4	
FAO 谷物价格指数（2014—2016=100）	2020 年	2021 年	2022 年 1—5 月	2022 年 1—5 月较 2021 年 1—5 月变化
	103	131	160	25.8

（一）小麦

2022 年全球小麦产量预计比 2021 年下降 0.8%，达到 7.71 亿吨，为 4 年来的首次下降。澳大利亚、印度、摩洛哥、乌克兰小麦产量预计同比下降，总体降幅将大于加拿大、伊朗和俄罗斯等增产国家的总体增幅。

全球小麦食用消费量预计以较低幅度增加，饲用消费量和工业消费量都将不同程度下降，2022/2023 年度全球小麦消费量预计下降 0.4%，达到 7.69 亿吨。

FAO 初步预计 2022 年全球小麦产量将超过 2022/2023 年度的消费量，全球谷物库存将小幅增长 0.4%，在 2023 年期末达到 2.98 亿吨。主要的增长集中在中国、俄罗斯和乌克兰，一些非洲和亚洲国家将出现库存下降。

初步预计 2022/2023 年度（7 月 /6 月）全球小麦贸易量将达到 1.89 亿吨（含面粉折算小麦），较上年度下降 1.7%。主要原因是乌克兰小麦出口显著下降。阿根廷、澳大利亚和印度的小麦出口均有下降，一方面是减产，另一方面是印度实施出口禁令。进口方面，中国和伊朗等国进口量下降，推低全球小麦进口需求。

表 2　全球小麦市场概况

	2020/2021 年度	2021/2022 年度估计值	2022/2023 年度预测值	2022/2023 年度较 2021/2022 年度变化
	百万吨			%
全球情况				
生产	776.7	776.8	770.8	-0.8
贸易	189.2	192.1	188.9	-1.7
总消费	762.4	771.7	768.6	-0.4
食用	525.5	531.3	535.9	0.9
饲用	148.0	149.8	143.7	-4.1
其他用途	88.9	90.6	89.0	-1.8
期末库存	291.4	296.5	297.8	0.4
供需指标				
人均食用消费：				
全球（公斤 / 年）	67.4	67.5	67.4	-0.1
低收入缺粮国家（公斤 / 年）	40.1	39.8	39.3	-1.1
全球库存消费比（%）	37.8	38.6	37.9	
主要出口国库存消费比（%）	15.5	17.6	19.0	
FAO 小麦价格指数（2014—2016=100）	2020 年	2021 年	2022 年 1—5 月	2022 年 1—5 月较 2021 年 1—5 月变化
	101	132	173	45.4

1. 小麦价格

2021/2022 年度期初国际小麦价格比上年度上涨 33%，之后小麦价格一路上行，攀升到自 2008 年以来的最高水平。由于 2021 年几大主要出口国减产，全球小麦供应趋紧，小麦（尤其是高质量小麦）价格在 2021/2022 年度前半年上升 23%。俄乌战争造成乌克兰小麦出口骤然中断，在 2022 年 3 月进一步推高小麦价格。5 月份小麦价格持续攀升，原因是印度颁布小麦出口禁令。截止到 2022 年 5 月，全球小麦价格已同比增长55%，仅比2008年2月的历史最高价低12个百分点。2022年5月，作为全球小麦市场基准价格的美国墨西哥湾2号硬红冬麦离岸平均价格达到521美元/吨，同比增长76%。

基于以上趋势，加之乌克兰、澳大利亚、印度、美国等主要出口国在2022年的减产前景，3月和5月的芝加哥交易所近期交割小麦期货价格均超过2008年的历史最高。将于9月交割的芝加哥软红冬麦5月平均价格为449.5美元/吨，同比上升74%。

2. 小麦生产

FAO预测2022年全球小麦产量将同比下降0.8%，达到7.709亿吨。这是小麦产量3年来首次下降。

在北美地区，长达数月的干旱天气使得5月份美国约7成冬小麦种植区处于干旱条件。因此，弃耕面积预计增加，而单产预计下降。预计导致冬小麦（主要小麦作物）在2022年减产8%。但由于春小麦丰收在望，预计2022年美国小麦总产量仍将攀升5%，达到4710万吨。加拿大小麦播种面积预计增加。加之单产可能回升，2022年加拿大小麦产量预计3120万吨，同比增长44%。

俄乌冲突极大影响了欧洲小麦生产前景，预计2022年欧洲小麦总产量同比下降38%。尽管种植面积减少，利好天气有望提升俄罗斯小麦单产，总产量预计同比上升10%，达到8300万吨。欧盟的小麦产量预计达到1.387亿吨，几乎与上年持平。虽然种植面积稍有增加，但持续干旱将导致欧盟南部地区小麦单产下降。英国小麦产量预计接近去年的1350万吨。

在亚洲，尽管由于政府采购价提高和期初的天气利好，本年度印度小麦种植面积高于平均水平，但3、4月份的反常高温将导致单产下降和粮食损耗，因此印度小麦总产量预计达到1.055亿吨，比2021年的历史最高下降4%。在巴基斯坦，小麦产量预计达到接近历史平均水平的2650万吨。在中国，尽管一些地区天气条件欠佳，小麦产量仍将维持与去年相当、平均水平之上的1.37亿吨。在近东亚地区，除东部一些地区遭受旱情外，大部分地区天气良好。土耳其小麦产量预计达到1900万吨，比2021年度增加100万吨。

在北非，一些国家出现持续性的降雨减少，将影响小麦生产前景。摩洛哥旱情尤为明显，种植面积减少和单产下降，导致2022年小麦产量预计同比下降67%。阿尔及利亚小麦产量预计维持在历史平均水平之下。

2022年南半球小麦种植正在进行。由于播种面积和单产都将有所下降，预计澳大利亚小麦产量同比下降23%，达到2800万吨，仍高于历史平均水平。在南美，虽然价格上涨，但种植成本上升导致阿根廷小麦种植面积下降，预计2022年小麦产量将比2021年的历史最高下降5%。南非小麦产量预计与上年持平。

3. 小麦贸易

FAO预计2022/2023年度（7月/6月）全球小麦贸易量（含面粉折算小麦）将达到1.889亿吨，同比下降1.7%（320万吨）。

受战争影响，小麦出口大国乌克兰的小麦出口量预计下降 50%（900 万吨）。乌克兰的主要港口自 2022 年 2 月被俄军封锁，国际贸易基础设施受损。乌克兰有可能从欧洲边境通过铁路运输出口一小部分小麦，海运何时恢复尚未可知。其他主要出口国，如澳大利亚、印度、阿根廷等将出现由减产导致的出口同比下降。2022 年 5 月印度出台了小麦出口禁令，预计 2022/2023 年度出口量将同比下降。但由于上年度已签订的出口合同、政府间采购和作为粮食安全用途的小麦出口不受禁令限制，印度小麦出口量在 2022/2023 年度预计达到 700 万吨左右，仍高于该国过去 5 年的出口平均水平。美国小麦出口稍稍低于去年的历史纪录，原因是国内供应吃紧。2022/2023 年度，加拿大和俄罗斯小麦出口量预计上升，主要原因是增产。由于供应充足，且毗邻几个原先主要进口乌克兰小麦的国家，2022/2023 年度欧盟有望将小麦出口量增加到 3800 万吨。届时，欧盟将成为全球最大的小麦出口国。

进口方面，亚洲进口量预期下降是全球小麦进口预期下调的主要因素。亚洲地区小麦进口总量预计达到 9930 万吨，比 2021/2022 年度下降 6%。主要原因是伊朗的进口量预计同比下降 57%（450 万吨）。中国小麦进口预计同比下降 15%（170 万吨）。伊拉克小麦进口量有望增加。世界小麦第一、第三大进口国印尼、土耳其的进口量将分别维持在与去年相当的 1080 万吨和 900 万吨。

2022/2023 年度非洲小麦进口量预计达到 5400 万吨，比 2021/2022 年的预测值上升 5%（2600 万吨）。主要原因是摩洛哥小麦进口量有望增长 32%（150 万吨），达到创纪录的 620 万吨。全球最大小麦进口国埃及 2022/2023 年度预计进口 1300 万吨小麦，同比略有上升。非洲第二、全球第五大小麦进口国阿尔及利亚 2022/2023 年度小麦进口量预计略有上升。埃塞俄比亚、毛里塔尼亚、苏丹和突尼斯等完全依赖进口满足国内需求的国家小麦进口量也将有所上升。非洲人口最多、也是第三大小麦进口国的尼日利亚预计进口 620 万吨小麦，同比略有上升。在拉丁美洲和加勒比海地区，2022/2023 年度小麦进口量预计接近上年度的 2380 万吨。该地区最大的小麦进口国巴西由于产量创新高，预计进口量下降 3.1%，达到 630 万吨。该地区第二大小麦进口国墨西哥预计维持去年 330 万吨的进口量。

4. 小麦消费

FAO 初步预测，2022/2023 年度全球小麦消费量将达到 7.69 亿吨，同比下降 0.4%。小麦食用消费量将增加，饲料和工业用量预计减少。根据目前的预测，2022/2023 年度全球小麦的消费量将比十年趋势值低 1.1%。这是近三年来全球小麦消费量首次低于十年趋势值。2022/2023 年度全球小麦饲料消费量预计同比下降 4.1%，达到 1.44 亿吨。价格高企是小麦饲料消费量下降的主要原因，尤其是在中国和欧盟（分别为全球第二大和第一大饲用小麦市场）。在中国，小麦价格上涨推动了替代产品玉米的消费。欧洲小麦饲料消费量的下降一方面是由于价格导致，另一方面是因为禽流感影响了肉类的市场需求。

其他类型消费量（包括工业用量、种子用量、产后损失量）2022/2023年度预计同比下降1.8%，达到8900万吨。主要原因是预计印度由于国内供应趋紧，将减少小麦工业消费。

占全球小麦消费量70%的小麦食用消费预计在2022/2023年度小幅上升0.9%，达到5.36亿吨。全球年人均小麦消费量预计达到67.4公斤，几乎与去年持平。亚洲小麦食用消费增长幅度最大，年人均小麦消费量达到66.9公斤。该地区的小麦食用消费占全球60%。在欧洲，战争导致大量乌克兰难民进入欧盟地区，因此该地区小麦食用消费量的增幅大体相当于乌克兰小麦食用消费量的降幅。

5. 小麦库存

基于对2022年小麦产量和2022/2023年度消费量的初步预测，FAO预计2022年期末全球小麦库存将达到2.98亿吨，比期初水平上升120万吨（0.4%），创历史新高。库存增加主要来自中国、俄罗斯和乌克兰。中国产量稳增和消费减少的前景有望使小麦期末库存上升680万吨。俄罗斯小麦库存预计上升510万吨。乌克兰小麦库存预计上升200万吨。这些库存增量将大于预计的减量，主要来自印度和摩洛哥。

FAO目前预计2022/2023年度全球小麦库存消费比将达到37.9%，低于当前的38.6%，但远远高于历史最低的23.3%（2007/2008年度）。若不考虑中国，则全球小麦库存消费将低得多，达到24.4%，但仍将稍高于2007/2008年的历史最低点19.2%。主要出口国期末库存消耗比（消耗量为国内消费量与出口量之和）预计从2021/2022年度的17.6%上升到2022/2023年度的19.0%。主要原因是乌克兰港口封锁，小麦出口受限导致的库存上升。澳大利亚和美国的库存预计下降，或将达到9年来的最低水平。加拿大库存预计回升，略高于上年度的历史最低水平，但处于自2007/2008年度以来的历史第二低位。

（二）粗粮

预计2022年全球粗粮产量将较去年创纪录的水平略降0.6%，达到14.943亿吨，原因是全球玉米产量将下降。预计全球大麦和高粱等其他主要粗粮品种产量将增加。全球玉米减产主要由于玉米最大生产国美国产量下降，战争冲突造成乌克兰玉米大幅减产。

预计2022/2023年度全球粗粮消费量将较2021/2022年度略降0.1%至14.98亿吨，为近10年来的首次下降，比10年趋势水平低2%。预计北美地区粗粮饲料消费量将减少，导致全球粗粮饲料消费量下降，降幅将超过食用消费量的增长，预计总工业消费量将与上年度持平。

由于2022/2023年度全球粗粮产不足需，预计全球粗粮库存将比期初水平下降1.1%。在主要粗粮品种中，预计玉米库存降幅最大，主要集中在中国（大陆）和美国。预计全球大麦库存也将低于期初水平。预计全球粗粮库存消费比将低于2021/2022年度水平，达到2012/2013年度以来的最低水平。

预计2022/2023年度（7月/6月）全球粗粮贸易量将连续第二个年度下降，较

2021/2022 年度下降 4.4% 至 2.2 亿吨。受战争影响，乌克兰玉米和大麦出口量将大幅下降，此外，阿根廷和美国的玉米出口量预计将减少。在进口方面，预计加拿大、中国（大陆）、巴西和欧盟将减少玉米进口量，亚洲地区将减少大麦进口量。

5 月份，国际粗粮价格连续第三个月高于 2012 年创下的历史最高纪录。由于预计全球粗粮产量将下降，主要玉米出口国将减产，叠加乌克兰出口前景的不确定性，预计 2022/2023 年度粗粮市场供应趋紧，或将继续抬高市场价格。

表 3　全球粗粮供需概况

	2020/2021 年度	2021/2022 年度估计值	2022/2023 年度预测值	2022/2023 年度较 2021/2022 年度变化
	百万吨			%
全球情况				
生产	1483.2	1503.1	1494.3	-0.6
贸易	238.6	230.1	220.0	-4.4
总消费	1487.8	1498.9	1497.7	-0.1
食用	223.0	224.2	227.0	1.3
饲用	871.1	874.3	870.1	-0.5
其他用途	393.6	400.4	400.5	0.0
期末库存	350.4	361.2	357.3	-1.1
供需指标				
人均食用消费：				
全球（公斤 / 年）	28.6	28.5	28.5	0.3
低收入缺粮国家（公斤 / 年）	63.3	62.4	62.7	0.5
全球库存消费比（%）	23.4	24.1	23.0	
主要出口国库存消费比（%）	11.6	13.5	14.0	
FAO 粗粮价格指数（2014—2016=100）	2020 年	2021 年	2022 年 1—5 月	2022 年 1—5 月较 2021 年 1—5 月变化
	102	145	177	22.4

1. 粗粮价格

主要粗粮品种的国际价格在经历了 2021/2022 年度上半年的稳步上涨后，在 2022 年 3 月上涨至比 2012 年历史最高纪录高出 13% 的水平，原因是战争导致乌克兰（玉米和大麦主要出口国）粗粮出口突然中断。玉米、大麦和高粱等主要粗粮品种的国际价格在 3 月份创下了自 1990 年有记录以来的最高纪录，尽管在 4 月和 5 月略有下降，但仍高于 2012 年的创纪录水平。由于玉米出口高度集中在阿根廷、巴西、美国和乌克兰四国，大麦供应形势已经很紧张，乌克兰突然大幅减少出口，给市场带来了巨大压力。乌克兰因战争原因导致港口封锁，将大幅减少粗粮出口量，2022/2023 年度阿根廷和美国玉米出口预期下降，进一步增加了市场压力。化肥供应受限，能源和农业投入品价格高企，也对国际价格起到了支撑作用。5 月份美国基准 2 号黄玉米离岸价格为平均每吨 348 美元，同比上涨 14%。大麦和高粱的国际价格也在持续上涨，较上年 5 月份的价格分别高出 59% 和 10%。

预计主要出口国减产将导致 2022 年全球粗粮产量下降，同时，乌克兰出口前景存在不确定性，2022/2023 年度全球粗粮贸易量将下降，导致粗粮期货价格承压上涨。芝加哥期货交易所将于 2022 年 12 月（美国当年新上市玉米的基准交割月）交割的玉米期货 5 月份平均价格为每吨 451 美元，较上年水平上涨近 74%。

2. 粗粮生产

FAO 预测 2022 年全球粗粮产量将同比下降 0.6%，达到 14.94 亿吨。预计 2022 年全球玉米产量将较上年下降 1.6%，为 11.88 亿吨。玉米减产主要集中在北美地区。在美国，春季天气条件不利导致播种速度低于平均水平，3 月份调查数据显示 2022 年播种面积可能减少，假设单产保持不变，预计美国玉米产量为 3.673 亿吨，比上年下降 4%。在加拿大，播种面积的增加将抵消单产的下降，预计 2022 年加拿大玉米产量将在 2021 年历史高点基础上略有增加。

在欧洲地区，预计 2022 年乌克兰玉米产量将下降 50%，降至 2100 万吨。战争对乌克兰农业投入品和耕地产生严重影响，造成了播种面积和单产双降。预计俄罗斯玉米产量将下降，但仍高于五年平均水平。预计 2022 年欧盟玉米产量将达到 7370 万吨，同比增长 1.6%，播种面积将扩大 2%，单产保持稳定。

在南美洲地区，2022 年玉米正在进行收割，预计巴西玉米产量将达到创纪录的 1.146 亿吨。强劲的价格将促使玉米播种面积较过去五年平均水平增加 20%。阿根廷玉米播种面积扩大，部分抵消了单产的下降，预计玉米产量将达到 5700 万吨，略低于去年，但仍将比五年平均水平高出 6%。

在非洲地区，南部非洲正在收割 2022 年玉米，而东非和西非则于近期开始播种。南非是非洲大陆主要的玉米生产国，今年产量预计降至 1540 万吨，但仍高于平均水平。受高投入成本影响，玉米播种面积将有所减少，但受播种阶段价格支撑，播种面积仍高于平均水平，部分抵消了单产的适度下降。预计 2022 年其他南部非洲国家玉米产量将大幅下降，持续的降雨量不足降低了单产预期，导致播种面积缩小。

在亚洲地区，预计中国（大陆）玉米产量将达到 2.73 亿吨，高于平均水平，与上年基本一致。预计 2022 年其他亚洲国家的玉米产量将与上年持平。

预计 2022 年全球大麦产量为 1.479 亿吨，比上年增长 2.6%。预计在北美地区，加拿大大麦单产将从去年的低水平反弹回升，高企的价格将促使美国大幅扩大种植面积。预计一些近东亚洲国家和俄罗斯大麦产量将增加。大麦产量的预期增长将超过乌克兰因战争而导致的大幅减产。

预计 2022 年全球高粱产量为 6160 万吨，比上年高 1.6%。有利的天气条件将提高单产水平，预计澳大利亚和巴西高粱产量将增加，完全抵消了美国的预期减产。

3. 粗粮贸易

FAO 对 2022/2023 年度（7 月 /6 月）全球粗粮贸易量的首次预测为 2.2 亿吨，比 2021/2022 年度的估计水平低 4.4%，为连续第二个年度下降。预计 2022/2023 年度全球玉米、大麦和高粱的贸易量均将较 2021/2022 年度有所下降。

预计 2022/2023 年度（7 月 /6 月）全球玉米贸易量为 1.74 亿吨，比 2021/2022 年度下降 3.7%（660 万吨），主要原因是战争导致乌克兰玉米出口量锐减。乌克兰的主要港口自 2022 年 2 月底以来一直被俄罗斯封锁，且国内基础设施遭到破坏。乌克兰可能会继续通过边境铁路向欧洲出口少量粮食，但何时能恢复通过其海港出口粮食尚无法确定。因此，预计 2022/2023 年度乌克兰玉米出口量将减少 700 万吨（32%），降至 1500 万吨，为 2012/2013 年度以来的最低水平。因国内产量下降，预计阿根廷和美国玉米出口量将分别较上年度水平减少 550 万吨和 600 万吨。在创纪录的产量支持下，预计巴西玉米出口量将增加 1250 万吨，部分抵消了其他国家出口量的下降。

在进口方面，预计欧洲地区进口量下降幅度最大。由于饲料消费量将下降，产量将增加，预计欧盟粗粮进口量较 2021/2022 年度将减少 600 万吨（40%）。

在亚洲地区，预计中国（大陆）玉米进口量将略减 350 万吨至 2000 万吨，仍将连续第三年高于历史平均水平，且为全球最大玉米进口国。除中国（大陆）外，亚洲几乎所有其他国家的玉米进口量预计将与上年度持平或有所增加，越南玉米进口量将大幅增加，以满足日益增长的饲料需求。亚洲地区大部分国家进口量的增加与中国（大陆）进口量的减少相抵消，预计亚洲地区玉米进口总量将接近上年度 9600 万吨的水平。

在拉丁美洲和加勒比地区，预计 2022/2023 年度该地区玉米进口量将下降 5.6%。巴西是玉米净出口国，其玉米进口量在 2021/2022 年度有所增加，预计在 2022/2023 年度将恢复至平均水平。墨西哥是全球第二大玉米进口国，其玉米进口量预计将保持在 2021/2022 年度 1700 万吨的水平附近。

在其他地区，预计非洲地区玉米进口量在经历上一年度的下降后，将在 2022/2023 年度强劲反弹 16.4%，达到 2370 万吨。阿尔及利亚、埃及和摩洛哥预计将在 2022/2023 年度增加进口量，主要用以补充库存。预计北美地区玉米进口量减少将打压全球贸易前景。尤其是在加拿大，上年度在国内大麦供应不足的情况下，为满足不断增长的饲料需求，加拿大进口量激增至创纪录高位，但本年度该国玉米进口量将减少 300 万吨。

预计 2022/2023 年度全球大麦（不包括麦芽）贸易量将较上年度下降 8.6%（290 万吨）至 3030 万吨。主要原因是中国（大陆）、伊朗和土耳其等亚洲国家将减少进口。中国(大陆)是全球最大的大麦进口国，预计 2022/2023 年度大麦消费量将下降，导致进口量减少150万吨至900万吨，但仍将连续第三年高于过去五年的平均水平。由于国内产量预期增加，预计伊朗和土耳其大麦进口量将分别减少100万吨和230万吨。在出口方面，预计乌克兰和澳大利亚将减少大麦出口量。

2022/2023年度全球高粱贸易量预计降至1140万吨，较上年度创纪录水平下降6.6%（80万吨）。原因是中国（大陆）将减少进口量，更多使用玉米替代高粱生产饲料。在出口方面，由于进口需求疲软，预计澳大利亚和阿根廷将减少高粱出口。

4. 粗粮消费

预计2022/2023年度全球粗粮消费量将略降0.1%（120万吨），从2021/2022年度预估的历史最高水平降至14.98亿吨，这将是11年来的首次下降。预计粗粮工业消费量将与上年度持平，饲料消费量的降幅将超过食用消费量的增幅。

预计2022/2023年度全球粗粮饲料消费量约为8.7亿吨，占粗粮总消费量的近60%，比2021/2022年度的预估水平减少420万吨（0.5%）。原因是全球玉米饲料消费量将下降540万吨（0.8%）至6.98亿吨，主要来自北美地区。在加拿大，上年度为弥补大麦供应不足，其玉米饲料消费量大幅增加至创纪录水平，本年度该国玉米饲料消费量预计将下降26%，恢复至五年平均水平。预计美国玉米饲料消费量将下降4%，原因是产量下降导致供应趋紧。受价格高、肉类需求下降和禽流感的影响，欧盟饲料需求整体下降，预计欧盟玉米饲料消费量将略降。预计2022/2023年度中国（大陆）玉米饲料消费量将继续增加，较上年度增长2.4%（450万吨），部分抵消了其他地区玉米饲料消费量的下降。原因是增加玉米使用量，以替代其他粮食作物用于饲料生产，主要替代小麦（同比下降500万吨）、大麦（下降50万吨）和高粱（下降50万吨）。预计中国（大陆）粗粮饲料总消费量为2.081亿吨，比2021/2022年度增长1.7%（350万吨）。受创纪录的产量支撑，预计巴西玉米和高粱饲料消费量将显著增加，较2021/2022年度分别增长2.4%和49.5%。

预计2022/2023年度全球粗粮食用消费量（约占总消费量的15%）将比2021/2022年度增加1.3%（280万吨），达到2.27亿吨。主要原因是2022/2023年度非洲地区粗粮食用消费量预计将增长2.1%（210万吨）至1.03亿吨。预计全球粗粮食用消费量将与全球人口同步增长，全球粗粮人均食用消费量保持在每年28.5公斤。

预计2022/2023年度全球粗粮工业消费量将接近上年度4亿吨的预估水平。预计加拿大和美国的大麦工业消费量将增加，抵消了非洲地区一些国家和欧盟玉米工业消费量和中国（大陆）高粱工业消费量的下降。

5. 粗粮库存

根据目前对2022年全球粗粮产量和2022/2023年度全球粗粮消费量的预测，预计2023年全球粗粮期末库存将较期初库存略降390万吨（1.1%）至3.57亿吨。主要原因是全球玉米库存预计将减少340万吨（1.1%）

至3亿吨。预计一些国家玉米库存将减少，导致亚洲、北美、非洲、中美洲和欧洲地区（按递减顺序）库存下降。中国（大陆）和美国库存降幅最大，中国（大陆）库存下降的原因是消费量增加而产量并未增加，美国库存下降的原因是产量预计减少。

预计全球大麦库存将下降3.2%至2660万吨，为连续第二年下降。库存下降主要集中在澳大利亚、中国（大陆）和叙利亚，原因分别是减产，进口量缩减，产量连续第二年低于2017/2018至2021/2022年度的平均水平。预计全球高粱库存将增加6.1%，达到800万吨左右，原因是澳大利亚国内增产导致库存增加。

由于全球库存的降幅超过了全球消费量的降幅，预计全球粗粮库存消费比将从2021/2022年度的24.1%下降到2022/2023年度的23.0%，为2012/2013年度以来的最低水平，但仍将远高于1983/1984年度18.2%的历史最低点。全球粗粮主要出口国库存消费比预计将从2021/2022年度的13.5%增加到2022/2023年度的14.0%。然而，这一测算包括了乌克兰（全球玉米和大麦主要出口国）的粗粮库存，其粗粮库存将比五年平均水平高出三倍以上，但由于战争导致出口中断，乌克兰粗粮无法出口至国际市场。在其他主要玉米出口国中，预计阿根廷和美国库存将远低于过去五年平均水平，而巴西库存将因创纪录的产量而出现恢复性增长。

（三）稻米

FAO初步预测2022年全球稻米产量为5.195亿吨，仅比2021年的历史最高水平低140万吨。预计亚洲地区、非洲地区和澳大利亚稻米产量将增加。由于水资源缺乏和生产成本上涨导致种植利润下降，预计世界其他地区稻米生产前景不佳。

预计2022年全球稻米贸易量将连续第三年增加，达到5310万吨，比2021年的最高纪录高出3%。在进口方面，预计除亚洲地区以外的其他所有地区都将增加稻米进口。预计巴西、中国（大陆）、巴基斯坦、乌拉圭，尤其是泰国的出口量将增加。印度仍将是全球最大稻米出口国。

预计2022/2023年度全球稻米消费量为5.22亿吨，仅略高于2021/2022年度的历史最高水平，非食用消费量的下降抵消了食用消费量的强劲增长。预计全球稻米库存将略降80万吨至1.916亿吨，为历史次高水平，大部分库存来自中国（大陆）和印度。

国际稻米价格自2022年年初以来稳步上涨，粳稻和香米进口需求强劲但供应受限。据FAO全米价格指数衡量，2022年5月价格指数仍比上年同期水平低1.2%，原因是亚洲市场上交易量最大的籼稻品种供应充足，从而限制了价格进一步上涨。

表 4　全球稻米供需概况

	2020/2021 年度	2021/2022 年度估计值	2022/2023 年度预测值	2022/2023 年度较 2021/2022 年度变化
	百万吨（以碾米计）			%
全球情况				
生产	517.0	520.8	519.5	-0.3
贸易	51.5	53.1	53.9	1.5
总消费	510.5	521.0	522.0	0.2
食用	417.9	423.7	428.4	1.1
期末库存	191.4	192.4	191.6	-0.4
供需指标				
人均食用消费：				
全球（公斤 / 年）	53.6	53.8	53.9	0.1
低收入缺粮国家（公斤 / 年）	52.6	53.0	53.3	0.6
全球库存消费比（%）	36.7	36.9	36.4	
主要出口国库存消费比（%）	28.2	28.3	28.2	
FAO 谷物价格指数（2014—2016=100）	2020 年	2021 年	2022 年 1—5 月	2022 年 1—5 月较 2021 年 1—5 月变化
	110	106	104	-7.7

1. 稻米价格

稻米连年丰产，大量稻米可供出口，压制了大部分的市场价格上涨，而自 2020 年年中以来，除稻米以外的大多数其他粮食品种价格持续上涨。国际稻米价格自 2022 年年初以来持续上涨。据 FAO 全米价格指数衡量，尽管 2022 年 5 月全米价格指数仍比上年同期水平低 1.2%，但比 2021 年年底水平高 11.1%。自 2021 年 12 月份以来，粳稻和香米价格上涨最为显著，报价分别上涨了 14.0% 和 20.3%。长期干旱天气严重影响了加利福尼亚州中粒米的种植，导致粳稻价格上涨，而近东地区需求复苏，加之印度香米减产，引发了香米价格上涨。在籼稻方面，泰国和越南的报价也同样上涨，原因是市场需求增加，最新种植周期生产成本增加。美国产量持续下降，阿根廷和巴西干旱导致产量下降，推高了美洲地区稻米价格。然而，南亚地区籼稻价格并未上涨。粮食丰收加之货币贬值抑制了巴基斯坦籼稻价格。印度是全球最大的稻米出口国，尽管政府在当地进行大量收购，且稻米出口强劲，但稻米供应充足也继续影响整体报价。交易量最大的籼稻价格在一定程度上更能承受上涨压力。

2. 稻米生产

在南半球，2022 年第一季或单季稻收割已经完成，而在北半球，2022 年稻米播种才刚刚开始。尽管稻米产量在很大程度上取决于天气模式，特别是受拉尼娜现象持续徘徊的影响，但 FAO 初步预计 2022 年全球稻米产量为 5.195 亿吨（以碾米计），较 2021 年的创纪录高点略降 140 万吨，为历史次高纪录。

亚洲地区是世界的饭碗，该地区稻米生产前景总体乐观。总体正常的季风降雨支撑了该地区的生产前景。此外，虽然替代作物价格上涨使得本季稻米面临更激烈的土地竞争，但因为稻米在粮食安全中的战略作用，稻米种植得到了政府强有力的支持，所以亚洲地区稻米播种面积基本上没有受到影响。政府支持通常以生产者价格支持计划的形式实现，也经常扩展到投入品方面，如孟加拉国、印度（尤其是尿素）和印度尼西亚（针对小农户）等国控制化肥价格，或者如中国（大陆）、韩国和马来西亚等国延长专项支出以补偿种植者生产成本的增加。预计这些措施将缓解稻米行业因生产投入品价格飙升导致的利润损失，预计亚洲地区稻米产量将接近 2021 年 4.68 亿吨的高水平。

在国家层面，预计 2022 年孟加拉国、中国（大陆）、印度、印度尼西亚、马来西亚和菲律宾稻米产量均有所增加。这将抵消柬埔寨、泰国和越南因减少投入品使用或调整种植品种结构而导致的单产下降。灌溉水资源有限将影响伊拉克、伊朗和巴基斯坦稻米生产前景，韩国和日本稻米预计也将减产。预计在亚洲地区，斯里兰卡和缅甸绝对减产幅度最大，原因是经济条件制约了生产投入，严重影响生产前景。

在非洲地区，预计 2022 年稻米产量为 2550 万吨，比 2021 年增加 1.4%。增产主要来自撒哈拉以南非洲地区，该地区化肥使用量通常比其他地区少，而在政府实施自给自足计划的支持下，播种面积扩大。预计科特迪瓦、几内亚、尼日利亚、塞内加尔和塞拉利昂等西非国家稻米生产前景尤为乐观，国内价格走强，以及恢复正常的种植条件将有助于扩大种植面积，提高单产。尽管风暴造成一定的损失，但预计 2022 年马达加斯加稻米将增产，原因是非风暴影响地区种植条件总体正常，国家计划促使更多种植杂交品种，扩大灌溉。因 2021 年第四季度降雨延迟且不规律，预计坦桑尼亚稻米产量将连续第二个年度减少。种植初期降雨条件不佳将影响贝宁、加纳、利比里亚和多哥的稻米产量预期。预计加纳生产前景进一步恶化，原因是在“为了粮食和就业而种植”计划下，化肥补贴率下降，化肥供应有限。预计 2022 年埃及稻米产量将保持下降趋势至 400 万吨，原因是水稻种植者在政府限制之外获取补贴化肥的渠道存在不确定性，同时，玉米及棉花等与稻米形成竞争关系的作物价格飙升，导致更多的稻田用于种植其他作物。

在拉丁美洲和加勒比地区，2022 年稻米产量预计将比 2021 年下降 7.9%，降至 1750 万吨，为 12 年来的最低水平。减产主要来自南美洲，主要原因是阿根廷、巴西和巴拉圭等国持续的拉尼娜现象造成水资源短缺和高温天气。哥伦比亚、厄瓜多尔和秘鲁由于种植利润低，预计减产规模将超过玻利维亚、圭亚那、委内瑞拉，尤其是乌拉圭的预期增产。预计乌拉圭稻米产量将接近 100 万吨。假设夏季生长条件正常，预计哥斯达黎加、多米尼加、墨西哥和巴拿马等该地区其他国家稻米生产前景乐观，原因是政府采取措施提高种植者价格，并以补贴利率提供特别信贷额度或投入品，或将有助于缓解因投入成本上涨而导致的面积或单产下降。由于种植利润下降，预计尼加拉瓜稻米产量将低于上年的历史最高水平，而由于基础投入品严重短缺，或将再次影响古巴和海地稻米产量。

在北美地区，预计 2022 年美国稻米产量将比 2021 年减少 580 万吨，降幅 4.7%，原因是燃料、化肥和大豆等替代作物的价格飙升，将抑制南部种植州播种面积，降雨导致播种延迟进一步影响单产前景。加利福尼亚州连续几年遭遇干旱天气，严重影响粳稻种植。在欧洲地区，生产前景也不乐观，意大利、西班牙及葡萄牙等欧盟稻米主产国遭遇异常干旱天气。由于在俄罗斯最主要的稻米产区克拉斯诺达尔地区，一座关键灌溉大坝的基础设施受损，预计将导致俄罗斯稻米产量下滑至 65.4 万吨的五年低点。在大洋洲地区，由于价格有吸引力，灌溉用水充足，预计澳大利亚稻米产量将同比增长 38%，达到 42.2 万吨，为四年来的最高水平。

3. 稻米贸易

预计 2022 年（1 月至 12 月）全球稻米贸易量将连续第三年保持增长，达到 5310 万吨，比 2021 年的历史最高点高出 3.0%。除亚洲远东地区外，大多数地区预计将在 2022 年增加进口，原因是各国政府努力采取措施遏制通胀压力。非洲和拉丁美洲国家政府主要采取减免进口关税的措施，伊拉克和伊朗等国政府主要采取加速政府采购流程等措施。在美国和欧盟，进口量增长主要由于香米需求强劲，集装箱运费有所松动。去年物流限制和集装箱运费飙升影响了美国和欧盟的进口需求。巴西、智利、秘鲁和哥伦比亚等南美国家稻米进口量预计增长的原因是国内产量不足。就巴西而言，本国货币升值或将进一步提升进口量。在加纳和海地，货币普遍疲软可能限制进口。由于去年大量进口，加之今年国内产量增加，预计几内亚和马达加斯加进口需求将减弱。

在远东地区，预计稻米进口量将同比下降 14.4%，达到 1550 万吨。由于国家库存和国内产量增长，预计孟加拉国稻米进口量将从 2021 年的 260 万吨下降至今年的 20 万吨。越南是主要稻米出口国，由于其去年稻米进口量达到创纪录水平，大量低等级稻米库存可满足饲料和工业需求，预计 2022 年越南进口量可能较上年减少近一半。由于糯米供应充足，预计中国（大陆）稻米进口量将下降 3.7% 至 490 万吨。预计菲律宾稻米进口量变化不大，稳定在 300 万吨。预计马来西亚和尼泊尔由于国内产量停滞或下降，将增加进口量。预计在远东地区，斯里兰卡进口增幅最大，在政府支持下，斯里兰卡将增加稻米进口量至 60 万吨，为五年来最高点，以弥补当地产量下降。

远东主要出口国需求减少，对柬埔寨、印度和越南的出口前景影响最大，预计上述国家及阿根廷、美国将减少 2022 年稻米出口量。预计印度出口量将达到 2010 万吨，仍将远高于 2021 年之前的水平，原因是国内供应充足，可满足不断增长的本国消费需求，并可供大量出口。印度仍将是全球最大稻米出口国，泰国将重新获得自 2018 年以来失去的部分市场份额，为全球第二大稻米出口国。在去年受物流限制和价格缺乏竞争力的影响后，今年泰国稻米出口量预计将达到 810 万吨的四年高点。预计缅甸、巴基斯坦和乌拉圭稻米出口量将在 2022 年强劲反弹，原因是中粒米竞争对手美国的粳稻供应紧张，澳大利亚和中国（大陆）稻米出口量预计增加。

4. 稻米消费

自 2020/2021 年度以来，全球稻米消费量以每年近 2%的速度加速增长，原因是国家实施并扩大援助计划，帮助弱势群体应对疫情影响，同时，更多使用稻米生产动物饲料。预计 2022/2023 年度全球稻米总消费量将达到 5.22 亿吨（以碾米计），较其 2021/2022 年度创纪录的水平仅高出 0.2%（100 万吨），原因是稻米的食用消费需求强劲增长，主要被其他用途消费量减少所抵消。

到目前为止，食用消费是稻米的主要用途，预计 2022/2023 年度全球稻米食用消费量将达到 4.284 亿吨，比 2021/2022 年度增加 1.1%，全球人均食用消费量大致稳定在 53.9 公斤。这也在很大程度上反映了亚洲地区的预期趋势，一些重要的稻米消费国将继续实施并扩大稻米分配计划，孟加拉国、印度等南亚国家尤其如此。在小麦供应紧张的情况下，印度已经宣布在 2022/2023 年度的部分时间内根据其公共分配方案扩大稻米配给。这些举措将使得南亚及整个地区的人均稻米食用消费量连续第三年高于疫情前的水平。尽管东亚和东南亚国家饮食结构发生变化，稻米食用消费减少，部分抵消了整个地区稻米食用消费量的增长。

预计稻米非食用消费量将同比下降 3.8%，降至 9360 万吨，主要原因是预计动物饲料消费量将减少 10%至 1990 万吨。中国（大陆）玉米丰收，饲用小麦供应充足，国产稻米不再具备作为商业饲料替代品的优势。尽管如此，由于国内正在努力推动动物饲料配方多样化，国外碎米仍具有较高的价格吸引力并供给充足，或将使中国（大陆）的稻米饲用消费量保持在 2020/2021 年度之前的水平。由于动物疾病暴发，泰国稻米饲料消费量将有所缓解。全球粮食价格保持高位，大多数其他亚洲国家，特别是日本和越南，将继续增加稻米消费。

5. 稻米库存

预计 2022/2023 年度全球稻米产不足需，导致全球稻米期末库存略降 80 万吨至 1.916 亿吨，为历史次高水平，全球稻米库存消费比连续四个年度保持在 36%以上。

全球稻米库存下降的主要原因是阿根廷、巴西、缅甸、巴基斯坦、俄罗斯、泰国和美国等稻米主要出口国，以及圭亚那和乌拉圭等新兴稻米出口国的产量预计将下降。澳大利亚、柬埔寨、越南，尤其是印度等少数稻米出口国的稻米期末储备预计有所增加。印度官方渠道消息表明，2022/2023 财年印度国内公共采购量可能保持在接近 6000 万吨的水平，政府将在当前和下一年度扩大公共补贴稻米分配计划。预计印度稻米总储备量将增加 2.3%，达到 3990 万吨。预计越南稻米库存也将增加。

全球主要稻米出口国库存将增加 0.5%，达到 5480 万吨，库存消费比将保持在 28.2%，与 2021/2022 年度的 28.3%基本持平。

全球稻米进口国库存也将增加，尤其是中国（大陆）稻米库存可能从 2021/2022 年度的 1.006 亿吨增至 1.012 亿吨。这将是中国稻米库存四年来的首次增长，反映了创纪录的产量和非食用消费需求的减少。预计韩国国内消费量将减少，导致库存增加，伊朗将增加稻米进口，导致库存增加。预计欧盟、尼日利亚和科特迪瓦也将增加稻米储备。预计哥伦比亚、秘鲁、斯里兰卡和坦桑尼亚由于产不足需，其库存量将减少。预计孟加拉国、尼泊尔和菲律宾稻米库存量将降至正常水平。

（四）油料油脂

FAO 预测，2021/2022 年度由于产量下降、需求反弹，全球油料和衍生产品市场供应前景趋紧。俄乌冲突给乌克兰出口造成的限制也给市场增添了不确定性。

因单产减少，2021/2022 年度全球油料产量预计有所下降，降幅最大的是大豆和油菜籽的产量。全球油粕供应量也将相应减少，预计饼粕消费量有小幅下降，原因是养殖业利薄导

表 5 全球油料供需概况

	2019/2020 年度	2020/2021 年度估计值	2021/2022 年度预测值	2021/2022 年度较 2020/2021 年度变化
	百万吨			%
油料合计				
产量	588.2	616.4	604.2	-2.0
油脂				
产量	235.1	241.3	242.9	0.7
供给	275.8	276.4	274.5	-0.7
消费	242.8	245.3	245.5	0.1
贸易	134.9	132.7	128.2	-3.4
全球库存消费比（%）	14.4	12.9	12.4	
主要出口国库存消耗比（%）	11.1	9.7	10.4	
饼粕				
生产	149.9	159.8	154.9	-3.0
供给	183.5	190.0	182.3	-4.0
消费	157.8	160.3	159.6	-0.4
贸易	105.2	103.1	100.6	-2.4
全球库存消费比（%）	19.1	17.1	15.2	
主要出口国库存消耗比（%）	12.0	9.2	8.8	
FAO 谷物价格指数（1—12 月）（2014—2016=100）	2020 年	2021 年	2022 年 1—5 月	2022 年 1—5 月较 2021 年 1—5 月变化
油籽	90	133	159	21.8
饼粕	84	115	129	9.6
植物油	93	149	207	44.8

致饼粕饲料消费放缓。预计全球油粕消费量将大于供应量，因此饼粕期末库存预计跌至多年来的最低点，拉低全球库存消费比。

全球油脂产量预计略有上升，原因是棕榈油增产幅度预计大于大豆和菜籽油的减产幅度。2021/2022年度全球植物油消费量预计与上年度持平。油脂产量无法满足消费量，油脂结转库存将连续第4年下降，继续拉低库存消费比。全球植物油贸易量预计下滑至4年来的最低点。

FAO初步预测，2022/2023年度全球油料和衍生产品的产量有可能大幅回升，消费量或将维持适度增长。库存水平有可能提高，但供求关系仍将维持偏紧状态。

1. 油料油脂价格

2021/2022年度全球油料及衍生产品价格继续上升，在2022年年初达到历史最高，主要原因是供应前景较为紧张。2022年5月，FAO油料、油粕和植物油价格指数接近历史最高纪录，同比都有大幅增长。

油料价格指数上涨的主要原因是大豆、油菜籽和葵花籽报价上涨。全球大豆价格曲线自2021年年底开始上扬，到2022年4月攀升至历史最高位。供应方面，因主要种植区持续炎热干旱，南美大豆生产前景黯淡。需求方面，丰厚的利润大大提升了压榨产业的大豆采购量，在美国尤其如此。价格上升并没有影响中国的大豆进口。加拿大持续干旱导致油菜籽产量下降，供应形势偏紧推升了全球油菜籽价格。尽管黑海地区葵花籽喜获丰收，全球葵花籽价格还是在俄乌冲突之后攀升到了历史最高点。

FAO油粕价格指数同样逐渐上扬。阿根廷和巴西大豆产量下降前景对豆粕供应前景造成巨大影响。2022年2月以来，乌克兰出口的葵花籽粕已近乎为零。

植物油价格指数出现强劲回升。年初至今的价格指数均值比上年度同期水平高40个百分点。棕榈油产量前景不佳、印尼出台棕榈油出口限制令给棕榈油市场增添了不确定性。虽然从2022年5月开始印尼棕榈油出口禁令解除，但出口仍需申请许可。全球葵花籽油报价大幅攀升，主要原因是乌克兰的出口受俄乌冲突影响极大。全球大豆油和菜籽油价格持续上升，原因是全球需求强劲、供应紧张的局势难以改变，石油原油价格持续波动且不断升高也是全球植物油价值上升的原因之一。

2. 油料生产

2021/2022年度，全球油料产量预计收缩至6.042亿吨。虽然油料作物种植面积扩大，但单产下降的影响更大。主产国的不利天气所导致大豆和油菜籽的减产幅度将超过其他品种油料的增产幅度。

2021/2022年度全球大豆产量将达到3.488亿吨，同比下降5%，主要原因是南半球的大豆减产。拉尼娜现象带来的持续干燥高温使得阿根廷、巴西和乌拉圭的大豆产量出现同比下降。2021/2022年度北半球大豆产量连续第二年上升。主要原因是美国大豆产量预计上升到1.207亿吨的历史新高。印度大豆产量也将同比增长。中国的大豆产量将出现7年来的首次下降，原因是很多大豆种植户因为追逐更高收益改种玉米。

2021/2022 年度全球油菜籽产量也将同比下滑。主要原因是加拿大大豆减产至 14 年来的最低点。澳大利亚将迎来大豆丰产。欧盟大豆产量将小幅回升。

全球葵花籽产量预计全面回升，所有主产国都将迎来增产。增产的主要因素是俄罗斯扩大了葵花籽种植面积，欧盟和乌克兰的葵花籽单产大幅提高。

3. 油脂生产、消费、库存和贸易

2021/2022 年度全球油脂产量预计达到 2.429 亿吨，同比略有上升。分品种来看，棕榈油、葵花籽油、花生油、棕榈仁油和椰子油的总体增产幅度将超过大豆油和菜籽油的总体减产幅度。

2021/2022 年度全球油脂供应量（包括 2020/2021 年度的结转库存）预计同比略有下降。澳大利亚、印尼、马来西亚、俄罗斯和乌克兰等国的国内油脂供应量预计增长。阿根廷、巴西、加拿大预计因减产出现国内油脂供应量下降。欧盟的国内油脂供应量预计出现连续第 3 年下降。

2021/2022 年度全球油脂消费量预计与上年度持平。消费量将出现增长的是棕榈油、大豆油、花生油，出现下降的是葵花籽油、菜籽油和其他品种油脂。全球植物油价格不断上涨不仅将影响使用消费量，也将影响生物燃料行业。

2021/2022 年度全球油脂期末库存（包括油料中含有的油脂）预计下降至 3050 万吨，为十年来的最低水平。棕榈油、葵花籽油库存降幅将小于大豆油和菜籽油的增幅。

全球油脂库存消费比将连续第 4 年下降，主要出口国的库存消耗比将在多年来的较低水平徘徊。

2021/2022 年度全球油脂贸易量预计下降 3.4%，达到 1.282 亿吨（包括交易油料中所含的油）。棕榈油、大豆油、菜籽油和葵花籽油的交易量都将同比下降。市场份额排名第一的棕榈油交易量仍占到全球油脂交易量的 38%。

4. 饼粕生产、消费、库存和贸易

2021/2022 年度全球饼粕产量预计下降至 1.549 亿吨（以蛋白质当量表示）。全球饼粕供应预计比上年度下降 4%。主要原因是阿根廷、巴西、加拿大等国产量下降。尽管欧盟和美国饼粕产量有所增加，但较低的期初库存降低了国内供应量。中国和印度的饼粕国内供应量预计连续第 2 年增长。

2021/2022 年度全球饼粕消费预计略有下降，原因是供应量减少，动物饲料业需求疲软。全球饼粕消费疲软的主要原因是中国消费下降。虽然生猪养殖业已经从之前非洲猪瘟的影响中恢复，但由于生猪养殖业利润下降，饲料配方中饼粕的比例也有所下降。

2021/2022 年度全球饼粕库存期末库存预计下降至 2430 万吨，为 9 年来的最低水平（以蛋白质当量表示）。主要原因是中国为应对进口减少释放了部分国储大豆。全球饼粕库存消费比和主要出口国库存消耗比将连续第 3 年下降。

2021/2022 年度全球饼粕贸易量（包括交易油料中所含的粕）预计连续第 2 年下降。进口量下降的主要原因是中国生猪养殖业对

饼粕的需求下降。出口量下降的主要原因是阿根廷、加拿大、乌克兰、俄罗斯等国的出口量下降。巴西和美国的饼粕出口量预计同比增加。

（编译自 FAO 2022 年 6 月发布的 Food Outlook）

编译单位：国家粮食和物资储备局外事司
编译人：胡瑶庆、张怡
审稿人：曹颖君

四 粮食行业统计资料

1. 全国主要粮食及油料播种面积（1978—2021 年）
2. 全国主要粮食及油料产量（1978—2021 年）
3. 全国主要粮食及油料单位面积产量（1978—2021 年）
4. 各地区粮食播种面积（2020—2021 年）
5. 各地区粮食总产量（2020—2021 年）
6. 各地区粮食单位面积产量（2020—2021 年）
7.2021 年各地区粮食及油料播种面积和产量（一）
7.2021 年各地区粮食及油料播种面积和产量（二）
7.2021 年各地区粮食及油料播种面积和产量（三）
8.2021 年各地区粮油产量及人均占有量排序
9.2021 年各地区人均粮食占有量
10.2021 年各地区人均农产品占有量
11.2021 年分地区粮食产业主要经济指标情况
12.2021 年分地区成品粮油及饲料生产能力汇总
13. 粮食成本收益变化情况（1991—2021 年）
14. 国有粮食企业主要粮食品种收购量（2005—2021 年）
15. 国有粮食企业主要粮食品种销售量（2005—2021 年）
16. 全国粮油进口情况（2001—2021 年）
17. 全国粮油出口情况（2001—2021 年）
18. 国民经济与社会发展总量指标（1978—2021 年）（一）
18. 国民经济与社会发展总量指标（1978—2021 年）（二）

表 1　全国主要粮食及油料播种面积（1978—2021 年）

单位：千公顷

年份	粮食					油料
		稻谷	小麦	玉米	大豆	
1978	120587	34421	29183	19961	7144	6222
1979	119263	33873	29357	20133	7247	7051
1980	117234	33878	28844	20087	7226	7928
1981	114958	33295	28307	19425	8024	9134
1982	113462	33071	27955	18543	8419	9343
1983	114047	33136	29050	18824	7567	8390
1984	112884	33178	29576	18537	7286	8678
1985	108845	32070	29218	17694	7718	11800
1986	110933	32266	29616	19124	8295	11415
1987	111268	32193	28798	20212	8445	11181
1988	110123	31987	28785	19692	8120	10619
1989	112205	32700	29841	20353	8057	10504
1990	113466	33064	30753	21401	7560	10900
1991	112314	32590	30948	21574	7041	11530
1992	110560	32090	30496	21044	7221	11489
1993	110509	30355	30235	20694	9454	11142
1994	109544	30171	28981	21152	9222	12081
1995	110060	30744	28860	22776	8127	13102
1996	112548	31407	29611	24498	7471	12555
1997	112912	31765	30057	23775	8346	12381
1998	113787	31214	29774	25239	8500	12919
1999	113161	31283	28855	25904	7962	13906
2000	108463	29962	26653	23056	9307	15400
2001	106080	28812	24664	24282	9482	14631
2002	103891	28202	23908	24634	8720	14766
2003	99410	26508	21997	24068	9313	14990
2004	101606	28379	21626	25446	9589	14431
2005	104278	28847	22793	26358	9591	14318
2006	104958	28938	23613	28463	9304	11738
2007	105999	28973	23762	30024	8801	12344
2008	107545	29350	23704	30981	9225	13232
2009	110255	29793	24425	32948	9339	13445
2010	111695	30097	24442	34977	8700	13695
2011	112980	30338	24507	36767	8103	13471
2012	114368	30476	24551	39109	7405	13435
2013	115908	30710	24440	41299	7050	13438
2014	117455	30765	24443	42997	7098	13395
2015	118963	30784	24567	44968	6827	13314
2016	119230	30746	24666	44178	7599	13191
2017	117989	30747	24478	42399	8245	13223
2018	117038	30189	24266	42130	8413	12872
2019	116064	29694	23728	41284	9332	12925
2020	116768	30076	23380	41264	9882	13129
2021	117631	29921	23567	43324	8415	13102

注：2007—2017 年粮食及油料数据根据 2016 年第三次农业普查情况做了相应衔接修订。

数据来源：国家统计局统计资料。

表 2 全国主要粮食及油料产量（1978—2021 年）

单位：万吨

年份	粮食	稻谷	小麦	玉米	大豆	油料
1978	30477	13693	5384	5595	757	522
1979	33212	14375	6273	6004	746	644
1980	32056	13991	5521	6260	794	769
1981	32502	14396	5964	5921	933	1021
1982	35450	16160	6847	6056	903	1182
1983	38728	16887	8139	6821	976	1055
1984	40731	17826	8782	7341	970	1191
1985	37911	16857	8581	6383	1050	1578
1986	39151	17222	9004	7086	1161	1474
1987	40473	17442	8777	7982	1218	1528
1988	39408	16911	8543	7735	1165	1320
1989	40755	18013	9081	7893	1023	1295
1990	44624	18933	9823	9682	1100	1613
1991	43529	18381	9595	9877	971	1638
1992	44266	18622	10159	9538	1030	1641
1993	45649	17751	10639	10270	1531	1804
1994	44510	17593	9930	9928	1600	1990
1995	46662	18523	10221	11199	1350	2250
1996	50453	19510	11057	12747	1322	2211
1997	49417	20073	12329	10431	1473	2157
1998	51230	19871	10973	13295	1515	2314
1999	50839	19849	11388	12809	1425	2601
2000	46218	18791	9964	10600	1541	2955
2001	45264	17758	9387	11409	1541	2865
2002	45706	17454	9029	12131	1651	2897
2003	43070	16066	8649	11583	1539	2811
2004	46947	17909	9195	13029	1740	3066
2005	48402	18059	9745	13937	1635	3077
2006	49804	18172	10847	15160	1508	2640
2007	50414	18638	10949	15512	1279	2787
2008	53434	19261	11290	17212	1571	3037
2009	53941	19620	11580	17326	1522	3139
2010	55911	19723	11609	19075	1541	3157
2011	58849	20288	11857	21132	1488	3213
2012	61223	20653	12247	22956	1344	3286
2013	63048	20629	12364	24845	1241	3348
2014	63965	20961	12824	24976	1269	3372
2015	66060	21214	13256	26499	1237	3390
2016	66044	21109	13319	26361	1360	3400
2017	66161	21268	13424	25907	1528	3475
2018	65789	21213	13144	25717	1597	3433
2019	66384	20961	13360	26078	1809	3493
2020	66949	21186	13425	26067	1960	3586
2021	68285	21284	13694	27255	1640	3613

注：2007—2017 年粮食及油料数据根据 2016 年第三次农业普查情况做了相应衔接修订。
数据来源：国家统计局统计资料。

表3　全国主要粮食及油料单位面积产量（1978—2021年）

单位：公斤 / 公顷

年份	粮食					油料
		稻谷	小麦	玉米	大豆	
1978	2527	3978	1845	2803	1059	839
1979	2785	4244	2137	2982	1029	913
1980	2734	4130	1914	3116	1099	970
1981	2827	4324	2107	3048	1162	1117
1982	3124	4886	2449	3266	1073	1265
1983	3396	5096	2802	3623	1290	1257
1984	3608	5373	2969	3960	1331	1372
1985	3483	5256	2937	3607	1361	1338
1986	3529	5338	3040	3705	1400	1291
1987	3637	5418	3048	3949	1443	1366
1988	3579	5287	2968	3928	1434	1243
1989	3632	5508	3043	3878	1269	1233
1990	3933	5726	3194	4524	1455	1480
1991	3876	5640	3100	4578	1379	1421
1992	4004	5803	3331	4533	1427	1428
1993	4131	5848	3519	4963	1619	1619
1994	4063	5831	3426	4693	1735	1647
1995	4240	6025	3541	4917	1661	1718
1996	4483	6212	3734	5203	1770	1761
1997	4377	6319	4102	4387	1765	1742
1998	4502	6366	3685	5268	1783	1791
1999	4493	6345	3947	4945	1789	1871
2000	4261	6272	3738	4597	1656	1919
2001	4267	6163	3806	4698	1625	1958
2002	4399	6189	3777	4924	1893	1962
2003	4332	6061	3932	4813	1653	1875
2004	4620	6311	4252	5120	1815	2125
2005	4642	6260	4275	5287	1705	2149
2006	4745	6280	4593	5326	1621	2249
2007	4756	6433	4608	5167	1454	2258
2008	4969	6563	4763	5556	1703	2295
2009	4892	6585	4741	5258	1630	2335
2010	5006	6553	4750	5454	1771	2305
2011	5209	6687	4838	5748	1836	2385
2012	5353	6777	4989	5870	1814	2446
2013	5440	6717	5059	6016	1760	2491
2014	5446	6813	5246	5809	1787	2517
2015	5553	6891	5396	5893	1811	2546
2016	5539	6866	5400	5967	1789	2578
2017	5607	6917	5484	6110	1854	2628
2018	5621	7027	5417	6104	1898	2667
2019	5720	7059	5630	6317	1939	2702
2020	5734	7044	5742	6317	1983	2732
2021	5805	7113	5811	6291	1948	2758

注：2007—2017年粮食及油料数据根据2016年第三次农业普查情况做了相应衔接修订。

数据来源：国家统计局统计资料。

表4　各地区粮食播种面积（2020—2021年）

单位：千公顷

地区	2020年	2021年	2021年比2020年增加	
			绝对数	%
全国总计	116768.2	117630.8	862.7	0.7
东部地区	24892.6	25089.4	196.8	0.8
中部地区	34330.7	34437.2	106.4	0.3
西部地区	33897.5	34288.2	390.7	1.2
东北地区	23647.3	23816.1	168.8	0.7
北　京	48.9	60.9	12.0	24.6
天　津	350.2	373.5	23.3	6.6
河　北	6388.8	6428.6	39.8	0.6
山　西	3130.0	3138.1	8.0	0.3
内蒙古	6833.2	6884.3	51.2	0.7
辽　宁	3527.2	3543.6	16.4	0.5
吉　林	5681.8	5721.3	39.5	0.7
黑龙江	14438.4	14551.3	112.9	0.8
上　海	114.3	117.4	3.1	2.7
江　苏	5405.6	5427.5	21.9	0.4
浙　江	993.4	1006.7	13.3	1.3
安　徽	7289.5	7309.6	20.1	0.3
福　建	834.4	835.1	0.7	0.1
江　西	3772.4	3772.8	0.5	0.0
山　东	8281.5	8355.1	73.6	0.9
河　南	10738.8	10772.3	33.5	0.3
湖　北	4645.3	4686.0	40.7	0.9
湖　南	4754.8	4758.4	3.6	0.1
广　东	2204.7	2213.0	8.3	0.4
广　西	2806.1	2822.9	16.8	0.6
海　南	270.7	271.4	0.7	0.3
重　庆	2003.1	2013.2	10.1	0.5
四　川	6312.6	6357.7	45.1	0.7
贵　州	2754.1	2787.7	33.6	1.2
云　南	4167.4	4191.4	24.0	0.6
西　藏	182.3	186.5	4.2	2.3
陕　西	3001.0	3004.3	3.3	0.1
甘　肃	2638.3	2676.8	38.5	1.5
青　海	290.0	302.4	12.4	4.3
宁　夏	679.2	689.3	10.1	1.5
新　疆	2230.2	2371.7	141.5	6.3

注：东部地区包括：北京、天津、河北、上海、江苏、浙江、福建、山东、广东、海南等10省市；中部地区包括：山西、安徽、江西、河南、湖北、湖南等6省；西部地区包括：重庆、四川、贵州、云南、西藏、陕西、甘肃、青海、宁夏、新疆、内蒙古、广西等12省区市；东北地区包括：辽宁、吉林、黑龙江等3省。

数据来源：国家统计局统计资料。

表5　各地区粮食总产量（2020—2021年）

单位：万吨

地区	2020年	2021年	2021年比2020年增加	
			绝对数	%
全国总计	66949.2	68284.7	1335.6	2.0
东部地区	15843.0	16006.7	163.8	1.0
中部地区	20175.7	20084.0	-91.7	-0.5
西部地区	17247.7	17748.3	500.6	2.9
东北地区	13682.8	14445.7	762.9	5.6
北　京	30.5	37.8	7.2	23.7
天　津	228.2	249.9	21.7	9.5
河　北	3795.9	3825.1	29.2	0.8
山　西	1424.3	1421.2	-3.0	-0.2
内蒙古	3664.1	3840.3	176.2	4.8
辽　宁	2338.8	2538.7	199.9	8.5
吉　林	3803.2	4039.2	236.1	6.2
黑龙江	7540.8	7867.7	326.9	4.3
上　海	91.4	94.0	2.5	2.8
江　苏	3729.1	3746.1	17.0	0.5
浙　江	605.7	620.9	15.2	2.5
安　徽	4019.2	4087.6	68.3	1.7
福　建	502.3	506.4	4.1	0.8
江　西	2163.9	2192.3	28.5	1.3
山　东	5446.8	5500.7	53.9	1.0
河　南	6825.8	6544.2	-281.6	-4.1
湖　北	2727.4	2764.3	36.9	1.4
湖　南	3015.1	3074.4	59.2	2.0
广　东	1267.6	1279.9	12.3	1.0
广　西	1370.0	1386.5	16.5	1.2
海　南	145.5	146.0	0.6	0.4
重　庆	1081.4	1092.8	11.4	1.1
四　川	3527.4	3582.1	54.7	1.6
贵　州	1057.6	1094.9	37.2	3.5
云　南	1895.9	1930.3	34.4	1.8
西　藏	102.9	106.2	3.3	3.2
陕　西	1274.8	1270.4	-4.4	-0.3
甘　肃	1202.2	1231.5	29.2	2.4
青　海	107.4	109.1	1.7	1.6
宁　夏	380.5	368.4	-12.1	-3.2
新　疆	1583.4	1735.8	152.4	9.6

注：东部地区包括：北京、天津、河北、上海、江苏、浙江、福建、山东、广东、海南等10省市；中部地区包括：山西、安徽、江西、河南、湖北、湖南等6省；西部地区包括：重庆、四川、贵州、云南、西藏、陕西、甘肃、青海、宁夏、新疆、内蒙古、广西等12省区市；东北地区包括：辽宁、吉林、黑龙江等3省。

数据来源：国家统计局统计资料。

表6　各地区粮食单位面积产量（2020—2021年）

单位：公斤/公顷

地区	2020年	2021年	2021年比2020年增加	
			绝对数	%
全国总计	5733.5	5805.0	71.5	1.2
东部地区	6364.5	6379.9	15.4	0.2
中部地区	5876.9	5832.1	-44.8	-0.8
西部地区	5088.2	5176.2	88.0	1.7
东北地区	5786.2	6065.5	279.3	4.8
北　京	6243.9	6196.8	-47.0	-0.8
天　津	6515.7	6690.3	174.6	2.7
河　北	5941.5	5950.1	8.6	0.1
山　西	4550.4	4529.1	-21.3	-0.5
内蒙古	5362.2	5578.3	216.1	4.0
辽　宁	6630.9	7164.4	533.5	8.0
吉　林	6693.6	7060.1	366.5	5.5
黑龙江	5222.7	5406.9	184.2	3.5
上　海	8002.6	8004.7	2.1	0.0
江　苏	6898.5	6902.0	3.6	0.1
浙　江	6097.2	6167.6	70.4	1.2
安　徽	5513.7	5592.0	78.3	1.4
福　建	6019.9	6064.0	44.1	0.7
江　西	5736.1	5810.8	74.7	1.3
山　东	6577.1	6583.7	6.6	0.1
河　南	6356.2	6075.0	-281.2	-4.4
湖　北	5871.4	5899.1	27.7	0.5
湖　南	6341.3	6461.0	119.7	1.9
广　东	5749.4	5783.3	34.0	0.6
广　西	4882.3	4911.7	29.3	0.6
海　南	5373.2	5379.8	6.6	0.1
重　庆	5398.8	5428.4	29.6	0.5
四　川	5587.9	5634.3	46.4	0.8
贵　州	3840.2	3927.5	87.3	2.3
云　南	4549.3	4605.4	56.1	1.2
西　藏	5642.7	5692.4	49.8	0.9
陕　西	4248.0	4228.6	-19.3	-0.5
甘　肃	4556.8	4600.6	43.8	1.0
青　海	3703.8	3607.4	-96.4	-2.6
宁　夏	5602.2	5345.2	-257.0	-4.6
新　疆	7099.8	7318.9	219.0	3.1

注：东部地区包括：北京、天津、河北、上海、江苏、浙江、福建、山东、广东、海南等10省市；中部地区包括：山西、安徽、江西、河南、湖北、湖南等6省；西部地区包括：重庆、四川、贵州、云南、西藏、陕西、甘肃、青海、宁夏、新疆、内蒙古、广西等12省区市；东北地区包括：辽宁、吉林、黑龙江等3省。

数据来源：国家统计局统计资料。

表7 2021年各地区粮食及油料播种面积和产量（一）

单位：千公顷，万吨，公斤/公顷

地区	粮食			稻谷		
	播种面积	总产量	每公顷产量	播种面积	总产量	每公顷产量
全国总计	117630.8	68284.7	5805.0	29921.1	21284.2	7113.4
东部地区	25089.4	16006.7	6379.9	5860.0	4365.6	7449.8
中部地区	34437.2	20084.0	5832.1	12785.9	8709.0	6811.4
西部地区	34288.2	17748.3	5176.2	6049.9	4186.7	6920.2
东北地区	23816.1	14445.7	6065.5	5225.3	4023.0	7699.1
北　京	60.9	37.8	6196.8	0.3	0.2	5659.7
天　津	373.5	249.9	6690.3	58.5	54.7	9355.1
河　北	6428.6	3825.1	5950.1	78.4	49.6	6330.5
山　西	3138.1	1421.2	4529.1	2.6	1.8	6628.5
内蒙古	6884.3	3840.3	5578.3	155.1	115.3	7432.1
辽　宁	3543.6	2538.7	7164.4	520.6	424.6	8155.9
吉　林	5721.3	4039.2	7060.1	837.3	684.7	8177.4
黑龙江	14551.3	7867.7	5406.9	3867.4	2913.7	7534.1
上　海	117.4	94.0	8004.7	103.8	85.1	8199.9
江　苏	5427.5	3746.1	6902.0	2219.2	1984.6	8943.0
浙　江	1006.7	620.9	6167.6	633.4	469.1	7406.8
安　徽	7309.6	4087.6	5592.0	2512.2	1590.4	6330.9
福　建	835.1	506.4	6064.0	599.4	393.2	6560.0
江　西	3772.8	2192.3	5810.8	3419.2	2073.9	6065.6
山　东	8355.1	5500.7	6583.7	113.0	97.5	8622.9
河　南	10772.3	6544.2	6075.0	608.2	476.1	7827.8
湖　北	4686.0	2764.3	5899.1	2272.6	1883.6	8288.4
湖　南	4758.4	3074.4	6461.0	3971.1	2683.1	6756.6
广　东	2213.0	1279.9	5783.3	1827.4	1104.4	6043.6
广　西	2822.9	1386.5	4911.7	1756.7	1017.9	5794.3
海　南	271.4	146.0	5379.8	226.6	127.1	5609.0
重　庆	2013.2	1092.8	5428.4	658.9	493.05	7482.9
四　川	6357.7	3582.1	5634.3	1875.0	1493.4	7964.8
贵　州	2787.7	1094.9	3927.5	645.2	417.4	6468.2
云　南	4191.4	1930.3	4605.4	753.8	491.9	6525.3
西　藏	186.5	106.2	5692.4	0.8	0.4	5806.3
陕　西	3004.3	1270.4	4228.6	106.1	72.9	6869.4
甘　肃	2676.8	1231.5	4600.6	3.1	1.8	5765.1
青　海	302.4	109.1	3607.4			
宁　夏	689.3	368.4	5345.2	50.8	41.0	8064.3
新　疆	2371.7	1735.8	7318.9	44.3	41.7	9406.6

注：东部地区包括：北京、天津、河北、上海、江苏、浙江、福建、山东、广东、海南等10省市；中部地区包括：山西、安徽、江西、河南、湖北、湖南等6省；西部地区包括：重庆、四川、贵州、云南、西藏、陕西、甘肃、青海、宁夏、新疆、内蒙古、广西等12省区市；东北地区包括：辽宁、吉林、黑龙江等3省。

数据来源：国家统计局统计资料。

表 7　2021 年各地区粮食及油料播种面积和产量（二）

单位：千公顷，万吨，公斤 / 公顷

地区	小麦			玉米		
	播种面积	总产量	每公顷产量	播种面积	总产量	每公顷产量
全国总计	23567.1	13694.4	5810.8	43324.2	27255.1	6290.9
东部地区	8856.1	5582.8	6303.9	8302.9	5206.0	6270.2
中部地区	10162.5	6156.3	6057.8	8089.8	4286.2	5298.3
西部地区	4473.9	1926.4	4305.8	13281.9	8406.7	6329.5
东北地区	74.5	29.0	3892.8	13649.7	9356.1	6854.4
北　京	13.1	6.8	5241.6	42.8	29.0	6789.3
天　津	118.5	72.2	6089.0	185.6	118.3	6371.5
河　北	2246.6	1469.1	6539.4	3454.1	2066.8	5983.5
山　西	536.8	243.4	4533.4	1772.6	977.6	5515.0
内蒙古	442.1	157.2	3556.2	4204.6	2994.2	7121.4
辽　宁	2.7	1.1	3989.4	2724.2	2008.4	7372.5
吉　林	4.5	1.6	3631.7	4401.2	3198.4	7267.2
黑龙江	67.3	26.3	3906.2	6524.2	4149.2	6359.7
上　海	10.9	7.4	6741.4	1.0	0.7	6705.7
江　苏	2357.9	1342.2	5692.5	500.6	300.1	5994.0
浙　江	114.8	48.3	4210.1	58.0	25.6	4410.0
安　徽	2846.0	1699.7	5972.3	1252.7	677.5	5407.8
福　建	0.1	0.0	2605.6	34.0	15.3	4513.4
江　西	13.6	3.2	2375.0	50.9	21.8	4282.9
山　东	3994.0	2636.7	6601.5	3897.0	2589.5	6644.9
河　南	5690.7	3802.8	6682.5	3853.3	2051.7	5324.6
湖　北	1052.1	399.3	3795.8	762.7	323.5	4241.9
湖　南	23.4	7.8	3330.5	397.6	234.1	5888.1
广　东	0.2	0.1	3666.6	129.8	60.8	4684.3
广　西	3.8	0.6	1651.8	615.0	285.2	4636.2
海　南						
重　庆	18.7	6.1	3291.5	443.8	254.6	5736.3
四　川	582.9	245.3	4208.1	1849.4	1084.7	5865.1
贵　州	135.3	33.3	2457.5	550.4	256.6	4661.6
云　南	291.1	61.9	2127.0	1879.4	992.6	5281.5
西　藏	32.5	20.1	6191.3	4.8	3.0	6197.2
陕　西	955.1	424.6	4445.7	1182.5	601.7	5088.4
甘　肃	711.3	279.7	3933.0	1051.8	643.0	6112.8
青　海	98.8	38.7	3919.2	22.5	15.3	6770.2
宁　夏	67.0	19.0	2826.9	367.4	263.4	7168.8
新　疆	1135.3	639.8	5635.3	1110.3	1012.7	9120.8

注：东部地区包括：北京、天津、河北、上海、江苏、浙江、福建、山东、广东、海南等 10 省市；中部地区包括：山西、安徽、江西、河南、湖北、湖南等 6 省；西部地区包括：重庆、四川、贵州、云南、西藏、陕西、甘肃、青海、宁夏、新疆、内蒙古、广西等 12 省区市；东北地区包括：辽宁、吉林、黑龙江等 3 省。

数据来源：国家统计局统计资料。

表 7　2021 年各地区粮食及油料播种面积和产量（三）

单位：千公顷，万吨，公斤 / 公顷

地区	大豆			油料		
	播种面积	总产量	每公顷产量	播种面积	总产量	每公顷产量
全国总计	8415.4	1639.5	1948.3	13102.2	3613.2	2757.7
东部地区	591.6	161.5	2729.6	1907.6	683.1	3581.1
中部地区	1460.2	276.5	1893.6	5853.6	1587.9	2712.7
西部地区	2119.3	402.9	1901.4	4710.5	1126.6	2391.7
东北地区	4244.4	798.6	1881.6	630.5	215.5	3418.2
北　京	1.4	0.3	2441.3	1.5	0.5	3562.0
天　津	2.4	0.5	2150.8	0.9	0.3	3433.0
河　北	66.8	16.3	2438.4	350.3	118.4	3379.1
山　西	92.2	14.4	1562.3	84.3	15.5	1832.4
内蒙古	893.2	168.5	1886.7	815.7	213.9	2622.3
辽　宁	103.9	25.1	2413.3	334.8	116.2	3469.9
吉　林	252.7	54.7	2165.7	254.6	85.8	3367.9
黑龙江	3887.8	718.8	1848.9	41.1	13.6	3308.3
上　海	0.5	0.1	2767.7	1.6	0.5	3018.4
江　苏	192.8	50.7	2629.9	296.4	97.8	3300.0
浙　江	76.0	21.3	2800.5	141.9	31.7	2234.4
安　徽	587.2	90.9	1548.2	542.2	167.1	3082.6
福　建	34.6	9.6	2783.0	80.4	23.3	2897.7
江　西	106.0	27.4	2580.2	713.4	130.9	1835.0
山　东	182.8	53.5	2926.6	646.8	285.9	4420.3
河　南	333.2	74.8	2244.9	1604.4	657.3	4096.8
湖　北	223.8	37.2	1663.0	1429.5	354.1	2477.4
湖　南	117.8	31.8	2702.0	1479.8	263.0	1777.2
广　东	32.6	8.6	2647.2	357.4	117.3	3281.6
广　西	101.5	15.9	1570.4	267.1	75.9	2840.5
海　南	1.8	0.5	2674.5	30.5	7.5	2449.7
重　庆	99.4	20.6	2067.7	338.0	68.5	2026.1
四　川	443.4	104.4	2354.5	1652.0	416.6	2521.9
贵　州	211.7	23.1	1093.0	502.6	94.9	1888.0
云　南	149.6	31.6	2113.2	305.8	63.9	2089.3
西　藏	0.1	0.0	2191.7	19.0	4.6	2410.6
陕　西	151.4	25.1	1658.3	263.8	58.3	2211.0
甘　肃	47.5	7.8	1639.8	262.7	58.8	2237.7
青　海				143.5	31.9	2221.8
宁　夏	2.4	0.2	950.8	27.3	4.8	1768.2
新　疆	19.0	5.6	2965.7	113.2	34.6	3057.6

注：东部地区包括：北京、天津、河北、上海、江苏、浙江、福建、山东、广东、海南等 10 省市；中部地区包括：山西、安徽、江西、河南、湖北、湖南等 6 省；西部地区包括：重庆、四川、贵州、云南、西藏、陕西、甘肃、青海、宁夏、新疆、内蒙古、广西等 12 省区市；东北地区包括：辽宁、吉林、黑龙江等 3 省。

数据来源：国家统计局统计资料。

表 8　2021 年各地区粮油产量及人均占有量排序

单位：万吨，公斤

地区	粮食产量		粮食人均占有量		油料产量		油料人均占有量	
	绝对数	位次	绝对数	位次	绝对数	位次	绝对数	位次
全国总计	68284.7		483.5		3613.2		25.6	
北　京	37.8	31	17.2	31	0.5	29	0.2	29
天　津	249.9	26	181.1	25	0.3	31	0.2	30
河　北	3825.1	7	513.0	9	118.4	9	15.9	15
山　西	1421.2	16	407.8	18	15.5	24	4.4	27
内蒙古	3840.3	6	1599.1	3	213.9	6	89.1	1
辽　宁	2538.7	12	598.5	7	116.2	11	27.4	10
吉　林	4039.2	5	1692.2	2	85.8	14	35.9	7
黑龙江	7867.7	1	2499.3	1	13.6	25	4.3	28
上　海	94.0	30	37.8	30	0.5	30	0.2	31
江　苏	3746.1	8	441.2	15	97.8	12	11.5	21
浙　江	620.9	23	95.5	29	31.7	22	4.9	26
安　徽	4087.6	4	669.1	5	167.1	7	27.4	11
福　建	506.4	24	121.3	27	23.3	23	5.6	25
江　西	2192.3	13	485.2	12	130.9	8	29.0	8
山　东	5500.7	3	541.0	8	285.9	4	28.1	9
河　南	6544.2	2	660.2	6	657.3	1	66.3	2
湖　北	2764.3	11	477.6	13	354.1	3	61.2	3
湖　南	3074.4	10	463.5	14	263.0	5	39.6	6
广　东	1279.9	18	101.1	28	117.3	10	9.3	22
广　西	1386.5	17	275.8	23	75.9	15	15.1	16
海　南	146.0	27	143.7	26	7.5	26	7.3	23
重　庆	1092.8	22	340.4	19	68.5	16	21.3	14
四　川	3582.1	9	427.9	16	416.6	2	49.8	5
贵　州	1094.9	21	284.0	22	94.9	13	24.6	12
云　南	1930.3	14	410.2	17	63.9	17	13.6	18
西　藏	106.2	29	290.0	21	4.6	28	12.5	20
陕　西	1270.4	19	321.3	20	58.3	19	14.8	17
甘　肃	1231.5	20	493.5	11	58.8	18	23.6	13
青　海	109.1	28	183.8	24	31.9	21	53.7	4
宁　夏	368.4	25	509.6	10	4.8	27	6.7	24
新　疆	1735.8	15	670.3	4	34.6	20	13.4	19

数据来源：国家统计局统计资料。

表 9　2021 年各地区人均粮食占有量

单位：公斤 / 人

地区	粮食	其中：谷物				
			稻谷	小麦	玉米	大豆
全国总计	483.5	448.0	150.7	97.0	193.0	11.6
北　京	17.2	16.7	0.1	3.1	13.3	0.2
天　津	181.1	180.0	39.7	52.3	85.7	0.4
河　北	513.0	491.5	6.7	197.0	277.2	2.2
山　西	407.8	382.8	0.5	69.8	280.5	4.1
内蒙古	1599.1	1469.5	48.0	65.5	1246.8	70.2
辽　宁	598.5	585.9	100.1	0.3	473.5	5.9
吉　林	1692.2	1655.5	286.8	0.7	1339.9	22.9
黑龙江	2499.3	2256.8	925.6	8.3	1318.1	228.3
上　海	37.8	37.6	34.2	3.0	0.3	0.1
江　苏	441.2	429.8	233.7	158.1	35.3	6.0
浙　江	95.5	84.2	72.1	7.4	3.9	3.3
安　徽	669.1	650.5	260.3	278.2	110.9	14.9
福　建	121.3	98.3	94.2	0.0	3.7	2.3
江　西	485.2	464.8	459.0	0.7	4.8	6.1
山　东	541.0	524.9	9.6	259.3	254.7	5.3
河　南	660.2	640.2	48.0	383.7	207.0	7.5
湖　北	477.6	451.3	325.5	69.0	55.9	6.4
湖　南	463.5	442.0	404.5	1.2	35.3	4.8
广　东	101.1	92.1	87.3	0.0	4.8	0.7
广　西	275.8	259.9	202.4	0.1	56.7	3.2
海　南	143.7	125.1	125.1			0.5
重　庆	340.4	237.2	153.6	1.9	79.3	6.4
四　川	427.9	344.0	178.4	29.3	129.6	12.5
贵　州	284.0	196.3	108.3	8.6	66.6	6.0
云　南	410.2	341.2	104.5	13.2	210.9	6.7
西　藏	290.0	283.8	1.2	55.0	8.1	0.1
陕　西	321.3	286.4	18.4	107.4	152.2	6.3
甘　肃	493.5	389.1	0.7	112.1	257.6	3.1
青　海	183.8	127.0		65.3	25.7	
宁　夏	509.6	458.2	56.7	26.2	364.3	0.3
新　疆	670.3	658.1	16.1	247.1	391.1	2.2

数据来源：国家统计局统计资料。

表 10　2021 年各地区人均农产品占有量

单位：公斤 / 人

地区	粮食	棉花	油料	糖料	水果	水产品
全国总计	483.5	4.1	25.6	81.1	212.2	47.4
北　京	17.2	0.0	0.2		22.3	1.0
天　津	181.1	0.3	0.2	0.0	35.8	19.8
河　北	513.0	2.1	15.9	5.3	193.8	14.5
山　西	407.8	0.0	4.4	0.1	279.7	1.5
内蒙古	1599.1	0.0	89.1	150.8	79.5	4.4
辽　宁	598.5	0.0	27.4	0.3	201.9	113.7
吉　林	1692.2		35.9	0.5	68.7	10.5
黑龙江	2499.3		4.3	5.1	58.5	22.8
上　海	37.8	0.0	0.2	0.0	13.1	9.2
江　苏	441.2	0.1	11.5	0.8	114.1	58.2
浙　江	95.5	0.1	4.9	6.5	111.1	92.1
安　徽	669.1	0.5	27.4	1.6	127.4	38.7
福　建	121.3	0.0	5.6	6.9	194.1	204.4
江　西	485.2	0.4	29.0	13.4	164.8	59.7
山　东	541.0	1.4	28.1	0.0	298.3	84.0
河　南	660.2	0.1	66.3	1.0	247.7	9.5
湖　北	477.6	1.9	61.2	4.7	193.4	83.5
湖　南	463.5	1.2	39.6	5.3	179.9	40.1
广　东	101.1		9.3	103.3	154.7	69.9
广　西	275.8	0.0	15.1	1464.8	620.8	70.6
海　南	143.7		7.3	92.9	517.4	161.5
重　庆	340.4		21.3	2.6	172.3	17.0
四　川	427.9	0.0	49.8	4.6	154.2	19.9
贵　州	284.0	0.0	24.6	13.9	169.6	6.8
云　南	410.2	0.0	13.6	336.6	242.8	14.0
西　藏	290.0		12.5		8.2	0.2
陕　西	321.3	0.0	14.8	0.1	541.4	4.3
甘　肃	493.5	1.2	23.6	6.4	354.1	0.6
青　海	183.8		53.7		5.0	3.1
宁　夏	509.6		6.7	0.1	363.4	23.0
新　疆	670.3	198.1	13.4	133.8	640.9	6.6

数据来源：国家统计局统计资料。

表11　2021年分地区粮食产业主要经济指标情况

单位：亿元

项目	工业总产值	销售收入	利润总额
全国总计	37663.5	39608.3	2790.9
北　京	342.3	441.7	32.9
天　津	612.2	697.9	24.0
河　北	1390.9	1403.1	45.7
山　西	464.2	423.4	62.3
内蒙古	543.9	593.8	36.4
辽　宁	1262.4	1254.2	33.4
吉　林	723.4	774.1	12.1
黑龙江	1695.6	1745.2	46.5
上　海	331.6	434.9	24.2
江　苏	3368.4	3468.3	207.7
浙　江	807.7	857.9	36.2
安　徽	2897.4	2786.3	148.8
福　建	916.9	967.4	40.5
江　西	1003.0	1017.5	33.3
山　东	4975.0	5404.6	182.3
河　南	2656.4	2642.9	140.9
湖　北	1878.2	1871.5	103.5
湖　南	1657.2	1551.9	61.4
广　东	2800.4	3117.7	160.1
广　西	1282.2	1315.2	46.1
海　南	128.5	125.8	5.1
重　庆	421.8	460.0	32.9
四　川	2560.5	3093.5	536.7
贵　州	1261.3	1244.4	628.9
云　南	367.3	530.0	31.2
西　藏	8.5	10.9	1.4
陕　西	540.6	516.7	23.3
甘　肃	164.0	155.5	10.2
青　海	17.0	22.2	1.8
宁　夏	138.8	147.1	5.3
新　疆	446.0	532.4	35.6

数据来源：国家粮食和物资储备局统计资料。

表 12　2021 年分地区成品粮油及饲料生产能力汇总

单位：万吨

项目	年处理小麦	年处理稻谷	年处理玉米	年处理油料	年精炼油脂	年生产饲料
全国总计	21862.3	38166.7	2015.1	17703.8	7589.5	41517.5
北　京	91.5	80.0	/	0.9	6.0	286.7
天　津	140.1	76.3	15.3	639.4	242.8	361.8
河　北	2277.9	274.3	89.9	706.9	209.1	1295.5
山　西	385.7	2.1	21.7	15.4	6.4	645.8
内蒙古	270.6	175.6	74.2	227.0	60.7	843.4
辽　宁	113.7	1867.3	143.1	780.9	146.2	2575.0
吉　林	14.3	1955.5	97.4	192.2	55.1	961.4
黑龙江	232.9	7023.5	229.9	850.2	160.6	1224.5
上　海	45.0	168.8	/	62.7	158.0	146.3
江　苏	1495.4	3624.9	619.5	2463.7	1022.3	2172.1
浙　江	139.6	660.7	21.2	380.9	169.3	770.1
安　徽	1899.5	4600.1	114.8	440.9	250.8	2113.5
福　建	241.8	720.9	/	537.5	286.1	1462.3
江　西	28.3	3544.2	18.9	154.7	203.9	2005.9
山　东	5057.4	240.9	119.9	2637.2	786.6	5662.4
河　南	5845.7	1132.1	211.2	855.9	356.2	2698.2
湖　北	625.1	5068.2	91.2	1038.7	469.9	1841.3
湖　南	32.0	3049.3	11.7	511.8	524.7	2515.5
广　东	577.0	827.6	26.1	1687.3	640.7	4128.2
广　西	19.3	621.9	/	1572.8	346.8	2354.0
海　南	25.0	11.1	/	107.2	34.7	366.8
重　庆	47.8	344.5	/	176.0	156.4	520.6
四　川	231.3	1038.0	3.9	676.4	350.0	2109.0
贵　州	11.5	271.2	9.7	71.6	45.5	416.6
云　南	69.3	341.6	8.6	48.8	45.8	752.2
西　藏	0.5	/	/	2.4	0.8	4.5
陕　西	696.5	137.3	75.3	232.4	131.2	441.5
甘　肃	366.4	/	0.2	30.1	34.9	227.7
青　海	24.9	2.0	0.3	112.1	46.3	24.1
宁　夏	148.9	240.5	1.9	37.8	28.2	244.6
新　疆	707.7	66.4	9.3	452.0	613.6	342.6

数据来源：国家粮食和物资储备局统计资料。

表13 粮食成本收益变化情况（1991—2021年）

单位：元

年份	每50公斤平均出售价格				每亩总成本				每亩净利润			
	粮食平均	稻谷	小麦	玉米	粮食平均	稻谷	小麦	玉米	粮食平均	稻谷	小麦	玉米
1991	26.1	28.5	30.0	21.1	153.9	188.4	138.4	135.3	34.3	62.4	6.3	34.0
1992	28.4	29.3	33.1	24.3	163.8	192.3	149.3	150.6	44.0	67.7	21.2	42.3
1993	35.8	40.4	36.5	30.2	178.6	211.2	169.8	155.2	92.3	145.1	35.6	95.8
1994	59.4	71.2	56.5	48.2	239.4	298.1	213.2	206.7	190.7	316.7	82.3	173.3
1995	75.1	82.1	75.4	67.0	321.8	391.4	281.7	292.2	223.9	311.1	130.5	230.1
1996	72.3	80.6	81.0	57.2	388.7	458.3	359.5	351.2	155.7	247.5	92.9	123.8
1997	65.1	69.4	70.1	55.8	386.1	450.2	349.5	358.4	105.4	171.8	74.8	69.8
1998	62.1	66.9	66.6	53.8	383.9	437.4	357.5	356.6	79.3	155.9	-6.2	88.2
1999	53.0	56.6	60.4	43.7	370.7	425.2	351.5	337.2	25.6	75.8	-12.1	11.2
2000	48.4	51.7	52.9	42.8	356.2	401.7	352.5	330.6	-3.2	50.1	-28.8	-6.9
2001	51.5	53.7	52.5	48.3	350.6	400.5	323.6	327.9	39.4	81.4	-27.5	64.3
2002	49.2	51.4	51.3	45.6	370.4	415.8	342.7	351.6	4.9	37.6	-52.7	30.8
2003	56.5	60.1	56.4	52.7	368.3	419.1	339.6	347.6	42.9	94.9	-30.3	62.8
2004	70.7	79.8	74.5	58.1	395.5	454.6	355.9	375.7	196.5	285.1	169.6	134.9
2005	67.4	77.7	69.0	55.5	425.0	493.3	389.6	392.3	122.6	192.7	79.4	95.5
2006	72.0	80.6	71.6	63.4	444.9	518.2	404.8	411.8	155.0	202.4	117.7	144.8
2007	78.8	85.2	75.6	74.8	481.1	555.2	438.6	449.7	185.2	229.1	125.3	200.8
2008	83.5	95.1	82.8	72.5	562.4	665.1	498.6	523.5	186.4	235.6	164.5	159.2
2009	91.3	99.1	92.4	82.0	630.3	716.7	592.0	582.3	162.4	217.6	125.5	144.2
2010	103.8	118.0	99.0	93.6	672.7	766.6	618.6	632.6	227.2	309.8	132.2	239.7
2011	115.4	134.5	104.0	106.1	791.2	897.0	712.3	764.2	250.8	371.3	117.9	263.1
2012	119.9	138.1	108.3	111.1	936.4	1055.1	830.4	924.2	168.4	285.7	21.3	197.7
2013	121.1	136.5	117.8	108.8	1026.2	1151.1	914.7	1012.0	72.9	154.8	-12.8	77.5
2014	124.4	140.6	120.6	111.9	1068.6	1176.6	965.1	1063.9	124.8	204.8	87.8	81.8
2015	116.3	138.0	116.4	94.2	1090.0	1202.1	984.3	1083.7	19.6	175.4	17.4	-134.2
2016	108.4	136.8	111.6	77.0	1093.6	1201.8	1012.5	1065.6	-80.3	142.0	-82.2	-299.7
2017	111.6	137.9	116.6	82.2	1081.6	1210.2	1007.6	1026.5	-12.5	132.6	6.1	-175.8
2018	109.7	129.4	112.2	87.8	1093.8	1223.6	1012.9	1044.8	-85.6	65.9	-159.4	-163.3
2019	109.4	127.2	112.3	89.6	1108.9	1241.8	1028.9	1055.7	-30.5	20.4	15.1	-126.8
2020	122.5	137.5	114.2	115.6	1120.3	1253.8	1026.5	1080.7	46.5	48.7	-16.6	107.2
2021	128.5	135.6	123.1	126.6	1157.2	1281.2	1040.9	1148.8	116.8	60.0	129.1	162.1

数据来源：国家发展和改革委员会统计资料。

表 14 国有粮食企业主要粮食品种收购量（2005—2021 年）

单位：原粮，万吨

年份	原粮	小麦	稻谷大米				玉米	大豆
				早籼稻	中晚籼稻	粳稻		
2005	12617.45	3745.20	3695.95	/	/	/	4529.90	506.00
2006	13199.30	6039.95	3096.25	/	/	/	3424.70	492.20
2007	11039.30	4733.15	2856.95	/	/	/	3008.30	321.45
2008	17008.00	6712.70	5142.10	/	/	/	4754.20	313.40
2009	16386.50	6833.95	3800.95	/	/	/	4988.45	653.00
2010	13352.15	6177.70	3082.10	/	/	/	3333.65	648.80
2011	12672.05	4650.40	4028.70	669.05	1566.90	1792.75	3428.10	465.65
2012	13498.40	4871.40	3709.30	681.70	1289.05	1738.55	4260.90	563.90
2013	18630.90	4023.80	5722.90	1027.90	2164.35	2530.65	8472.70	317.20
2014	20656.75	5779.05	5497.55	790.90	1859.40	2847.25	8995.50	317.05
2015	26122.90	5095.30	5787.10	721.90	1979.25	3085.95	15046.60	140.10
2016	22514.25	5939.75	6114.80	749.80	1914.90	3450.10	10331.50	66.55
2017	16397.50	5250.00	5144.50	627.50	1469.50	3047.00	5801.50	145.50
2018	12595.00	3120.00	5012.00	548.00	1723.00	2741.50	4218.50	175.00
2019	14871.88	5234.86	4285.63	449.59	1658.37	2177.66	5126.93	151.68
2020	13853.48	3690.14	4134.98	435.05	1097.92	2602.01	5879.84	80.46
2021	13745.80	4474.55	4099.10	414.55	1255.55	2429.00	4860.80	234.15

数据来源：国家粮食和物资储备局统计资料。

表 15　国有粮食企业主要粮食品种销售量（2005—2021 年）

单位：原粮，万吨

年份	原粮							
		小麦	稻谷 大米				玉米	大豆
				早籼稻	中晚籼稻	粳稻		
2005	13275.10	4276.90	3693.55	/	/	/	4348.75	841.70
2006	13209.30	4246.10	3846.50	/	/	/	4133.20	847.60
2007	14230.60	5104.00	4168.35	/	/	/	3890.35	892.75
2008	16635.80	7352.90	4430.90	/	/	/	3985.40	755.90
2009	17974.45	7094.20	4335.35	/	/	/	5261.40	1145.75
2010	20280.35	7569.00	4416.85	/	/	/	6454.75	1662.95
2011	20513.80	7342.20	5200.80	1240.65	2343.40	1616.75	5839.05	1992.20
2012	18154.70	6929.95	4296.05	798.50	1706.15	1791.40	4548.00	2188.10
2013	20814.20	7623.60	4435.80	833.90	1761.40	1840.50	6179.65	2418.00
2014	22860.05	6124.95	5586.30	839.30	2040.00	2707.00	8226.25	2618.10
2015	20400.50	5616.00	5717.30	959.60	2019.80	2737.90	5639.40	2704.60
2016	26906.30	5957.70	6867.90	1016.80	2339.65	3511.45	10523.15	2950.60
2017	33269.50	6769.50	7375.00	1172.00	2719.50	3483.50	14271.00	4210.50
2018	40183.00	6688.00	7863.50	1251.00	2770.00	3844.50	20955.00	4145.50
2019	35103.26	6695.43	8558.20	1280.10	2971.41	4306.69	14652.38	4782.98
2020	45054.45	8886.73	9674.32	1276.87	3272.70	5124.76	20073.64	5627.96
2021	45128.80	13452.35	11350.20	1186.80	3527.40	6636.00	12849.65	5739.40

数据来源：国家粮食和物资储备局统计资料。

表 16 全国粮油进口情况（2001—2021 年）

单位：万吨

年份	粮食							食用植物油				
		谷物					大豆		豆油	菜籽油	棕榈油	花生油
			小麦	大米	玉米	大麦						
2001	1950.4	344.3	73.9	26.9	3.9	236.8	1393.9	149.2	7.0	4.9	136.0	0.9
2002	1605.1	284.9	63.2	23.6	0.8	190.7	1131.4	266.3	87.0	7.8	169.5	0.4
2003	2525.8	208.0	44.7	25.7	0.1	136.3	2074.1	441.2	188.4	15.2	232.8	0.7
2004	3351.5	974.5	725.8	75.6	0.2	170.7	2023.0	529.1	251.6	35.3	239.0	0.0
2005	3647.0	627.1	353.9	51.4	0.4	217.9	2659.0	471.9	169.4	17.8	283.8	0.0
2006	3713.8	358.2	61.3	71.9	6.5	213.1	2823.7	581.3	154.3	4.4	418.7	0.0
2007	3731.0	155.5	10.1	48.8	3.5	91.3	3081.7	767.5	282.3	37.5	438.7	1.1
2008	4130.6	154.0	4.3	33.0	5.0	107.6	3743.6	752.8	258.6	27.0	464.7	0.6
2009	5223.1	315.0	90.4	35.7	8.4	173.8	4255.1	816.2	239.1	46.8	511.4	2.1
2010	6695.4	570.7	123.1	38.8	157.3	236.7	5479.8	687.2	134.1	98.5	431.4	6.8
2011	6390.0	544.6	125.8	59.8	175.4	177.6	5263.7	656.8	114.3	55.1	470.1	6.1
2012	8024.6	1398.2	370.1	236.9	520.8	252.8	5838.4	845.1	182.6	117.6	523.0	6.3
2013	8645.2	1458.1	553.5	227.1	326.6	233.5	6337.5	809.8	115.8	152.7	487.4	6.1
2014	10042.4	1951.0	300.4	257.9	259.9	541.3	7139.9	650.2	113.5	81.0	396.9	9.4
2015	12477.5	3270.4	300.6	337.7	473.0	1073.2	8169.2	676.5	81.8	81.5	431.2	12.8
2016	11467.6	2198.9	341.2	356.2	316.8	500.5	8391.3	552.8	56.0	70.0	315.7	10.7
2017	13061.5	2559.2	442.2	402.6	282.7	886.3	9552.6	577.3	65.3	75.7	346.5	10.8
2018	11554.8	1649.6	309.9	305.8	352.4	681.5	8803.1	629.0	54.9	129.5	357.2	12.8
2019	11144.4	1785.1	348.8	254.6	479.3	592.9	8851.1	953.3	82.6	161.5	561.2	19.4
2020	14262.1	3573.6	837.6	294.3	1129.6	807.9	10032.7	983.1	96.3	193.2	465.6	26.9
2021	16453.9	6535.9	977.0	496.4	2835.2	1248.0	9651.8	1039.2	112.0	215.3	465.1	28.1

数据来源：国家发展和改革委员会根据《海关统计》整理。

表 17 全国粮油出口情况（2001—2021 年）

单位：万吨

年份	粮食	谷物				大豆	食用植物油		
			小麦	大米	玉米			豆油	菜籽油
2001	991.2	875.6	71.3	185.9	600.0	24.8	13.5	6.0	5.4
2002	1619.6	1482.2	97.7	198.2	1167.5	27.6	9.7	4.7	1.8
2003	2354.6	2194.7	251.4	260.5	1640.1	26.7	6.0	1.1	0.5
2004	620.4	473.4	108.9	89.8	232.4	33.5	6.5	1.9	0.5
2005	1182.3	1013.7	60.5	67.4	864.2	39.6	22.5	6.3	3.1
2006	774.4	605.2	151.0	124.0	309.9	37.9	39.9	11.8	14.5
2007	1169.5	986.7	307.3	134.3	492.1	45.6	16.6	6.6	2.2
2008	378.9	181.2	31.0	97.2	27.3	46.5	24.8	13.4	0.7
2009	328.3	131.7	24.5	78.0	13.0	34.6	11.4	6.9	0.9
2010	275.1	119.9	27.7	62.2	12.7	16.4	9.2	5.9	0.4
2011	287.5	116.4	32.8	51.6	13.6	20.8	12.2	5.1	0.3
2012	276.6	96.0	28.5	27.9	25.7	32.0	10.0	6.5	0.7
2013	243.1	94.7	27.8	47.8	7.8	20.9	11.5	9.0	0.6
2014	211.4	70.9	19.0	41.9	2.0	20.7	13.4	10.0	0.7
2015	163.5	47.8	12.2	28.7	1.1	13.4	13.5	10.4	0.5
2016	190.1	58.1	11.3	39.5	0.4	12.7	11.3	8.0	0.5
2017	280.2	155.7	18.3	119.7	8.6	11.2	20.0	13.3	2.1
2018	365.9	238.7	28.6	208.9	1.2	13.4	29.5	21.8	1.5
2019	434.5	318.0	31.3	274.8	2.6	11.4	26.7	19.7	1.1
2020	354.5	254.4	18.1	230.5	0.3	8.0	17.1	10.8	0.3
2021	330.6	259.4	8.4	242.3	0.6	7.4	12.1	7.0	0.2

数据来源：国家发展和改革委员会根据《海关统计》整理。

表 18　国民经济与社会发展总量指标（1978—2021 年）（一）

指标	单位	1978 年	1990 年	2000 年	2020 年	2021 年
人口						
年末总人口	万人	96259	114333	126743	141212	141260
城镇人口	万人	17245	30195	45906	90220	91425
乡村人口	万人	79014	84138	80837	50992	49835
国民经济核算						
国内生产总值	亿元	3678.7	18872.9	100280.1	1013567.0	1143669.7
第一产业	亿元	1018.5	5017.2	14717.4	78030.9	83085.5
第二产业	亿元	1755.1	7744.1	45663.7	383562.4	450904.5
第三产业	亿元	905.1	6111.6	39899.1	551973.7	609679.7
人均国内生产总值	元	385	1663	7942	71828	80976
就业和失业						
就业人员	万人	40152	64749	72085	75064	74652
# 城镇就业人员	万人	9514	17041	23151	46271	46773
城镇登记失业人员	万人	530	383	595	1160	1040
居民收入						
全国居民人均可支配收入	元	171	904	3721	32189	35128
城镇居民人均可支配收入	元	343	1510	6256	43834	47412
农村居民人均可支配收入	元	134	686	2282	17131	18931
财政						
一般公共预算收入	亿元	1132.3	2937.1	13395.2	182913.9	202538.9
一般公共预算支出	亿元	1122.1	3083.6	15886.5	245679.0	246321.5
能源						
一次能源生产总量	万吨标准煤	62770	103922	138570	407295	433000
能源消费总量	万吨标准煤	57144	98703	146964	498314	524000
固定资产投资						
全社会固定资产投资总额	亿元		4517.0	32917.7	527270.3	552884.2
# 房地产开发	亿元		253.3	4984.1	141442.9	147602.1
对外贸易和实际利用外资						
货物进出口总额	亿元	355.0	5560.1	39273.3	322215.2	371008.5
出口额	亿元	167.6	2985.8	20634.4	179278.8	217347.6
进口额	亿元	187.4	2574.3	18638.8	142936.4	173660.9
外商直接投资	亿美元		34.9	407.2	1443.7	1734.8
主要农业、工业产品产量						
粮食	万吨	30477	44624	46218	66949	68285
棉花	万吨	217	451	442	591	573
油料	万吨	522	1613	2955	3586	3613
肉类	万吨	943	2857	6014	7748	8990
原煤	亿吨	6.18	10.80	13.84	39.02	41.26
原油	万吨	10405	13831	16300	19477	19888
水泥	万吨	6524	20971	59700	239471	237811
粗钢	万吨	3178	6635	12850	106477	103524
发电量	亿千瓦小时	2566	6212	13556	77791	85342

数据来源：国家统计局统计资料。

表 18 国民经济与社会发展总量指标（1978—2021 年）（二）

指标	单位	1978 年	1990 年	2000 年	2020 年	2021 年
建筑业						
建筑业总产值	亿元		1345	12498	263947	293079
消费品零售						
社会消费品零售总额	亿元	1559	8300	38447	391981	440823
运输和邮电						
客运量	万人	253993	772682	1478573	966540	830257
货运量	万吨	319431	970602	1358682	4735564	5298499
邮政业务总量	亿元	14.9	46.0	232.8	21053.2	13698.3
电信业务总量	亿元	19.2	109.6	4559.9	136758.3	16960.2
移动电话用户	万户		1.8	8453	159407	164282
固定电话用户	万户	193	685	14483	18191	18070
金融						
金融机构人民币项存款余额	亿元	1155	13943	123804	2125721	2322500
金融机构人民币项贷款余额	亿元	1890	17511	99371	1727452	1926903
科技、教育、卫生、文化						
研究与试验发展经费支出	亿元			896	24426	27864
技术市场成交额	亿元			651	28252	37294
在校学生数						
# 普通本、专科	万人	86	206	556	3285	3496
普通高中	万人	1553	717	1201	2494	2605
初中	万人	4995	3917	6256	4914	5018
普通小学	万人	14624	12241	13013	10725	10780
医院数	万个	0.93	1.44	1.63	3.54	3.70
医院床位数	万张	110	187	217	713	741
执业（助理）医师	万人	98	176	208	409	429
社会保障						
参加基本养老保险人数	万人		6166	13617	99865	102872
参加基本医疗保险人数	万人			3787	136131	136424
参加失业保险人数	万人			10408	21689	22958
参加工伤保险人数	万人			4350	26763	28284
参加生育保险人数	万人			3002	23567	23851
社会保险基金收入	亿元		187	2645	75513	96347

注：1.2000 年社会消费品零售总额根据第四次全国经济普查结果及有关制度规定进行了修订。

2.本表价值量指标中，邮政、电信业务总量 2000 年及以前按 1990 年不变价格计算；2020 年邮政业务总量按 2010 年不变价格计算、电信业务总量按 2015 年不变价格计算；2021 年邮政业务总量按 2020 年不变价格计算、电信业务总量按上年不变价格计算；其余指标按当年价格计算。

3.2021 年社会保障数据为快报数。2017 年及以后大部分省份参加新型农村合作医疗的人员并入城乡居民基本医疗保险参保人数中；2016 年及以前主要为城镇基本医疗保险参保人数。

数据来源：国家统计局统计资料。

后　记

《中国粮食和物资储备发展报告》是国家粮食和物资储备局主编，经国家新闻出版管理部门批准出版，逐年编撰、连续出版的资料性年刊。主要聚焦粮食和物资储备重点难点问题，系统反映发展状况，客观展示历史足迹，为科学决策和理论研究提供参考，为社会了解粮食和物资储备发展状况提供帮助。《2022 中国粮食和物资储备发展报告》（以下简称《报告》）囊括粮食生产、市场供求与价格、宏观调控、安全监管、质量与标准、流通体系建设、流通体制改革、棉花和食糖储备、物资储备、能源储备、行业发展、节粮减损与帮扶支援、对外开放与国际合作 13 个部分，设置 16 个专栏，收录了较为完备的行业统计资料，突出体现粮食和物资储备工作重点、亮点和创新点，全面展现 2021 年粮食和物资储备工作实绩与发展成果。《报告》（包括附表）所有统计资料和数据均未包括我国香港、澳门特别行政区和台湾地区。

《报告》在编写过程中得到了国家发展和改革委员会、农业农村部、国家统计局等有关部门的大力支持，参加《报告》编写工作的部门及单位有：国家发展和改革委员会农经司、经贸司、价格司，农业农村部种植业管理司，国家统计局综合司、农村司，国家粮食和物资储备局办公室、粮食储备司、物资储备司、能源储备司、应急物资储备司、法规体改司、规划建设司、财务审计司、安全仓储与科技司、执法督查局、外事司、人事司、直属机关党委、信息化推进办公室、标准质量中心、中国粮食研究培训中心、国家粮油信息中心、粮食交易协调中心、科学研究院、宣传教育中心、中国石油储备中心、中国粮油学会等。

在此，谨向在《报告》编写过程中给予大力支持的领导、专家和同志们表示衷心的感谢！《报告》如有不妥之处，敬请批评指正。

《中国粮食和物资储备发展报告》编辑部

中国粮食研究培训中心

2022 年 9 月

责任编辑：刘敬文

图书在版编目（CIP）数据

2022 中国粮食和物资储备发展报告 / 国家粮食和物资储备局 主编 . —北京：人民出版社，2022.10
ISBN 978 – 7 – 01 – 025004 – 5

I. ① 2… II. ①国… III. ①国家物资储备 – 研究报告 – 中国 –2022 IV. ① F259.21

中国版本图书馆 CIP 数据核字（2022）第 153197 号

2022 中国粮食和物资储备发展报告

2022 ZHONGGUO LIANGSHI HE WUZI CHUBEI FAZHAN BAOGAO

国家粮食和物资储备局 主编

人民出版社 出版发行
（100706 北京市东城区隆福寺街 99 号）

中煤（北京）印务有限公司印刷 新华书店经销

2022 年 10 月第 1 版 2022 年 10 月北京第 1 次印刷
开本：889 毫米 × 1194 毫米 1/16 印张：13
字数：128 千字

ISBN 978 – 7 – 01 – 025004 – 5 定价：150.00 元

邮购地址 100706 北京市东城区隆福寺街 99 号
人民东方图书销售中心 电话：（010）65250042 65289539